영화 읽고 수업하고, 수업하며 영화 읽기 ❹

영화 읽기와 가치 수업, 장애인식 개선

두 개의 세상, 나는보리

영화 읽고 수업하고, 수업하며 영화 읽기 ❹

영화 읽기와 가치 수업, 장애인식 개선: 두 개의 세상, 나는보리

발행일   2021년 12월 25일

지은이   사각형프리즘
펴낸이   손형국
펴낸곳   (주)북랩
편집인   선일영   편집   정두철, 배진용, 김현아, 박준, 장하영
디자인   이현수, 한수희, 허지혜, 안유경   제작   박기성, 황동현, 구성우, 권태련
마케팅   김회란, 박진관
출판등록   2004. 12. 1(제2012-000051호)
주소   서울특별시 금천구 가산디지털 1로 168, 우림라이온스밸리 B동 B113~114호, C동 B101호
홈페이지   www.book.co.kr
전화번호   (02)2026-5777   팩스   (02)2026-5747

ISBN   979-11-6836-127-0 04370 (종이책)   979-11-6299-786-4 04370 (세트)
       979-11-6836-128-7 05370 (전자책)

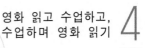

영화 읽고 수업하고,
수업하며 영화 읽기

4

영화 읽기와 가치 수업, 장애인식 개선

사각형프리즘 지음

나는보리

두 개의 세상

북랩 book Lab

여는 글

영화는 그 시대의 문화와 사람들의 가치관을 보여줍니다. 이 책에서 보여주려는 장애와 장애인에 관한 모습도 영화 속에서 꾸준히 달라져 왔습니다. 우리 사회에서 장애와 장애인을 바라보는 관점이 바뀌었기 때문입니다. 불과 몇십 년 전만 하더라도 장애를 비정상으로 받아들였고 장애인은 영화 속에서 무능력하거나 희화화된 인물로 나올 때가 많았습니다. 하지만 어린이와 여성의 다른 목소리에 귀를 기울이고 인종과 종교의 차별을 넘어서는 사회의 변화와 맞물려 장애와 장애인에 관한 생각도 제자리를 찾고 있습니다.

부산국제어린이청소년영화제는 처음부터 소외되고 약하며 위험에 놓인 사람들의 이야기를 전달하는 역할을 해 왔습니다. 부설 연구소 사각형프리즘에서는 영화제에서 상영한 작품을 활용하여 사랑과 배려, 자아 찾기와 인생의 의미, 평화롭게 살아가는 방법, 다문화 이해에 관한 영화 읽기 프로그램을 만들어 왔습니다. 이러한 흐름에서 이번에는 폴란드 다큐멘터리 〈두 개의 세상〉과 한국 극영화 〈나는보리〉를 활용하여 장애인식을 개선하는 프로그램을 만들었습니다.

영화 읽기와 가치 수업, 장애인식 개선

2020년 1월에 시작한 연구는 만 2년이 지나서야 책으로 나오게 되었습니다. 프로그램을 개발하기 전 특수학교 교사, 농인 협회 관계자, 청각장애인 부모와 자녀를 인터뷰하였습니다. 이분들이 들려준 이야기는 책이나 논문에서는 느끼지 못했던 부분을 보충해 주었습니다. 장애인식 개선을 위한 프로그램은 꼭 필요하다고 생각했기에 아무 지원도 없는 상황에서 시작했습니다. 우리는 사비를 털어서라도 이 프로그램을 만들어야 한다고 생각했습니다.

운이 좋게도 프로그램 개발 과정 중에 영화진흥위원회 공모 사업에 선정되어 현장 적용이 마무리될 때까지 여러 가지 재정적인 지원을 받을 수 있었습니다. 몇 년째 이어진 (재)영화의전당 - 유네스코 영화 창의도시 부산의 지원은 출판으로 결실을 맺게 하였습니다. 이 프로그램이 학교와 현장에서 장애인식을 개선하는 데 기여하기를 소망합니다.

프로그램 개발 과정에서 생생한 이야기를 들려준 〈나는 보리〉의 김진유 감독님, 코로나 상황에서도 현장 수업을 진행하고 그 과정을 기록해 준 최현정 선생님, 인터뷰에 참여한 고시현, 류현주, 이경숙, 이동화, 정은주 님. 영화 상영에 도움을 주신 영화사 진진. 이 모든 일이 이뤄지게 오랜 시간 부산국제어린이청소년영화제를 꾸려온 김상화 위원장님과 사무국 구성원, (재)영화의전당 - 유네스코 창의 영화도시 부산의 지원에 두 손 모아 감사드립니다.

사각형프리즘

Contents

수업 디자인 [가이드북 수록]

영화 읽기의 이해

부록

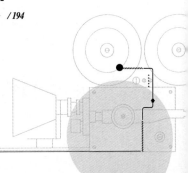

· 〈두 개의 세상〉은 부산광역시교육청 제공으로 네이버 시리즈온을 통하여 무료로
  볼 수 있습니다.
· 〈나는보리〉는 유료 관람이고 개인은 아래 QR코드를 통해, 단체는 배급사와 협의
  하여 관람할 수 있습니다.

두 개의 세상

나는보리

제공: 부산광역시교육청
배급: 부산국제어린이청소년영화제

제작: 파도
투자/배급: (주)영화사 진진

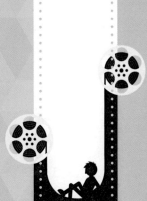

영화소개

〈두 개의 세상〉

■◖ 인물이야기

라우라

청각장애인 부모님에게 버팀목이 되는 아이. 가족의 모든 문제
해결을 위해선 라우라가 필요함.

- 선생님: 여러분이 꿈꾸는 집은 무엇이 떠오르나요?

- 라우라: 안전이요. 전 가끔 집이 걱정돼요. 학교에 오면 엄마 혼자 집에 있
  는데 다칠까 봐요. 구급차 부를 사람도 없고 엄마는 혼자 못하시거든요.

가족의 모든 일에는 라우라가 함께 함. 부모님께서는 항상 점원이 아닌 라우라를 쳐다봄. 할아버지 조언으로 서너 살 때 유치원 다니면서 수화를 알게 됨. 그때부터 부모님을 돕게 됨.

➡ 가족의 안전을 책임진다는 책임감을 느끼고 있는 아이

- 친구: 매번 아빠랑 같이 다니는 거 지겹지 않아?

- 라우라: 글쎄 가끔은 그렇겠지.

➡ 가족을 책임지고 있다는 부담감도 가지고 있음.

선생님께서 라우라보다 마그나 성적이 좋다고 하심.

- 라우라: 마그나네 엄마는 도와줘서 그래요. 우리 엄마는 보통 잘 안 도와 주거든요.

➡️ 라우라도 엄마가 자신을 도와주면 좋겠다고 생각함.

요즘 어때?
학교는 어떻고?

아빠가 똑바로 앉으라고 하면서 요즘 어떤지, 학교는 어떤지, 무슨 문제가 있는지를 물음.

- 라우라: 다 말할 건 없잖아요.

부모님께서 계속 묻지만 대답하지 않고 방으로 들어가 할아버지 사진을 봄.

➡️ 아무 이야기나 편하게 할 수 있었던 할아버지를 그리워함.

게임 캐릭터 속 엄마는 사업가이고, 아빠는 정치인이라고 함.

➡ 자신이 바라는 엄마와 아빠를 게임 속 캐릭터로 만듦.

- 라우라: (시험을 치며 독백) 때론 내가 친구들보다 집안 사정을 잘 아는 것

  같아요. 내가 18살이 되고 어른이 돼 내 집이 생겨도 상황이 어떨지 난

  알죠. 무엇이 예상되고 얼마나 힘들지도요. 난 어른이 되는 게 두려워요.

➡ 집안 사정을 잘 알다 보니 어른이 되면 얼마나 힘들지 미리 알고

  있음. 그래서 어른이 되는 것에 더 두려움을 느낌.

- 친구: 부모님이 들을 수 있으면 좋겠어?

- 라우라: 때론 그렇기도 하고 아니기도 해.

- 친구: 왜 그런데?

- 라우라: 부모님이 들을 수 있으면 뭐든 다 말할 수 있고 나도 그렇게 바쁘지 않을 테니까.

- 친구: 못 들어서 좋은 건?

- 라우라: 부모님이 대부분의 일을 몰라도 되니까 좋잖아. 학교 선생님도 엄마를 안 불러.

- 친구: 제일 힘든 건 뭐야?

- 라우라: 가끔 아주 중요한 일인데 대화가 안 될 때가 있어. 엄마 아빠까지 내가 책임을 지니까 진짜 짜증 나.

- 친구: 부모님이 그래서 가끔 속상해?

- 라우라: 사람들이 부모님을 무시하면 속상하지. 어쨌든, 부모님이잖아. 귀가 들리든 안 들리든 부모님을 사랑하고 그 마음은 언제나 같아. 귀가 그렇게 된 게 부모님 잘못은 아니잖아. 그건… 장애지.

➡ 부모님을 사랑하지만, 부모님께서 듣지 못하는 것에 대한 라우라의 솔직한 생각을 말함.

영화 읽기와 가치 수업, 장애인식 개선

라우라 엄마

겁이 많지만, 딸과 소소한 행복을 즐기고 싶어 하는 청각장애인 엄마

봤지? 처음엔 무서워도
연습만 하면 잘 탈 수 있어

아이도 청각장애인일까 봐 아이를 가지는 것이 겁이 남. 그런데 남편이 설득해서 라우라를 가지게 됨.

   - 라우라 엄마: 무서워도 연습만 하면 잘 할 수 있어.

스케이트장에서는 아빠가 넘어지는 모습을 보며 라우라가 웃음. 서로를 응원하고 기뻐함.

➡️ 겁이 많은 라우라 엄마이지만 용기를 내고 있으며, 항상 평범한 가족들의 삶을 원하고 딸에게 그런 것들을 할 수 있게 해 주려고 함.

딸에게 시험에 관해 물어봄. 어떤 식인지, 단체로 봤는지, 따로 책상에 앉는지 등을 물어봄.

➡ 별거 아닌 당연한 이야기지만 딸과 이야기하고 싶은 엄마의 마음

라우라 아빠

적극성을 지니고 있으며 딸에게 도움이 되고 싶어 하는 청각장애인 아빠

라우라에게 똑바로 앉으라고 하고 요즘 생활이 어떤지를 물어봄. 그러나 대답이 없음. 기분이 안 좋아 보여 아이스크림 먹으러 갈까?라고 물으니 더 짜증을 냄.

➡ 아이와 더 많은 이야기를 하고 싶지만 그러지 못해 아쉬워함.

- 라우라 아빠: 난 강요 안 할 거야. 뭐든 네가 좋은 걸로 해. 근데 열심히 공부하고 게으름 피우면 안 돼. 지금 네 성적이면 청소부밖에 못해. 공부가 제일 먼저야. 그래야 집도 자동차도 직업도 생기지. 그러다간 가난해져.

➡ 사회 현실을 알려주고 딸이 잘되기를 바라는 아빠의 마음

말하고 싶을 때도, 말하기 싫을 때도 있지요.

"똑바로 앉아 봐. 요즘 학교는 어때? 무슨 문제 있어?"
"다 말할 건 없잖아요."
"아이스크림 먹고 싶니? 아이스크림 먹으러 갈래?"

"다 말할 건 없잖아요."

여러분 집에서도 볼 수 있는 대화 아닌가요? 누구나 말하고 싶
지 않을 때가 있어요. 말할 수 없는 내용일 수도 있죠. 그런데
자신의 아이라고 모든 걸 알아야 할까요? 기다려주는 것도 필
요하지 않을까요?

〈나는보리〉

◀️ 인물이야기

보리

가족 중 자신만 들을 수 있어서 혼자인 것 같다고 느끼는 아이. 가족과 함께하기 위해 소리를 잃으려고 할 만큼 가족을 사랑함.

밥 먹으면서 수어로 대화하는 가족들을 가만히 바라만 보는 보리.

➤ 자신만 가족들과 다르다는 사실에 혼자라고 느끼는 보리

- 은정: 무슨 소원 빌었어?

- 보리: (귓속말로) 소리를 잃고 싶어.

- 은정: 왜 소리를 잃고 싶어?

- 보리: 몰라, 집에 있으면 혼자인 것 같은 기분?

➡ 보리 자신도 들리지 않으면 가족들과 좀 더 가까워지지 않을까 생각함.

- 보리: 정우 수술 안 해도 괜찮아?

- 보리 아빠: 그럼. 들리든 안 들리든 우리 똑같아.

- 정우: 나 수술 안 했으면 좋겠어?

- 보리: 응. 정우 수술하면 축구 못해.

- 보리 엄마: 누가 그래?

- 보리: 병원에서 들었어. 수술하면 축구도 못하고 수영도 못하고 어지럽

  데. 고모는 들었는데 정우한테 이야기 안 해.

- 보리 엄마: 너 들려?

- 정우: 나 수술하면 축구 못해?

- 보리: (수어가 아닌 말로) 그래! 못한다고 몇 번을 말해!

➡ 동생이 소중하게 생각하는 축구를 못하게 될까 걱정하는 누나.

　동생을 위해 소리가 들리지 않는 척 연기하는 계획을 포기함.

정우

자기만 힘든 게 아니라 주변 사람들도 힘들 거라고 이해하는
마음 넓은 축구 소년

〈축구 할 때 빼고 잘 안 놀아〉

- 정우: 귀 안 들려?

- 보리: 응.

- 정우: 이제 학교 재미없어. 무슨 말 하는지 모르니까. 누나는 말하는 거
보고 금방 할 수 있을 거야.

- 보리: 수업 시간 뭐해?

- 정우: 수업 시간 어려워. 자거나 그림 그려. 선생님께서도 이해해. 선생님
도 내가 어려울 거야.

- 보리: 친구들은?

- 정우: 축구할 때 빼고 잘 안 놀아. 나 혼자 놀아.

➡ 누나 귀가 안 들리게 되자 자신의 고충을 들려주고 가까워졌다고
생각하는 정우. 아빠는 낚시가 유일한 친구라면 정우는 축구가
유일한 친구.

보리 아빠

아이에게 자기 마음을 솔직히 웃으며 이야기하고 편안하게 위
로해 주는 아빠

〈나의〉〈유일한〉〈친구〉

어릴 때 걸어 다니면 무시당했다고 함. 그래서 집에서 울고 밖을 싫어함. 할아버지가 낚시를 알려주셔서 혼자 낚시하는데 즐거웠고 낚시가 유일한 친구라고 함.

➡ 어린 시절 주변 시선으로 인해 상처를 지닌 아빠

〈똑같아〉

- 보리: 나 안 들리는 거 슬프지 않아?

- 보리 아빠: 똑같아. 네가 들리든 안 들리든 우리는 똑같아. 넌 나의 예쁜

  딸. 엄마가 너 임신했을 때 걱정했었어. 들리게 태어나면 우리랑 대화 못

할까 봐 고민했었어. 아기 때 울지도 않았어. 눈만 끔뻑 하길래 엄마랑 나는 기뻤어. 네가 안 들리게 태어난 줄 알고 우리랑 같아서 기뻤어.

➡️ 귀가 안 들려 속상해하고 미안해할 아이에게 괜찮다고 위로해 주는 아빠

보리 엄마

아이들에게 항상 미안한 마음을 가지고 있으며 편안한 미소로 위로가 되는 엄마

<똑같아서>

- 보리: 병원에서 눈물 왜 흘렸어? 다 같이 안 들리는데, 왜?
- 보리 엄마: 나 때문인 것 같아서. 나랑 똑같아서. 나도 열 살, 열한 살까지 듣다가 못 듣게 되었었거든.

➡️ 아이에게 잘못된 일이 생기면 자기 탓이라 생각하는 엄마의 마음

영화 읽기와 가치 수업, 장애인식 개선

은정

보리가 자신의 마음을 터놓고 이야기할 수 있는 절친

에이, 다르긴 뭘 달라

- 보리: 집에 있으면 혼자인 것 같고 아빠, 엄마, 정우 보면 행복해 보였어. 나만 다른 사람 같았어.

- 은정: 다르긴 뭐가 달라. 난 집에서 엄마랑 아빠랑 한마디도 안 해. 넌 학교 마치고 아빠랑 낚시하잖아? 난 집에 가면 맨날 전화 받아. '여보세요?' 지겨워.

➡ 보리에게 자기의 솔직한 모습을 들려주고 위로해 주려는 친구

은정 아빠

보리 친구의 아버지. 몰래 도움을 주는 마음이 따뜻한 이웃

보리 가족에게는 짜장면 먹는 날이 있는데 1만 8,000원에 탕수육이 포함된 짜장 세트와 짬뽕 2개가 배달됨.

➡ 아이들의 소소한 행복을 지켜주고자 하는 이장 아저씨의 마음

실력 있는 정우가 축구팀 후보가 되었다는 이야기를 듣고 도움을 줌.

➡ 불의를 참지 못하는 정의의 사도

나만 혼자인 것 같아요….

〈더 먹어〉

"집에 있으면 혼자인 것 같고 아빠, 엄마, 정우를 보면 행복해 보여. 나만 다른 사람 같아."

"다르긴 뭐가 달라. 난 집에서 엄마랑 아빠랑 한마디도 안 해. 넌 학교 마치고 아빠랑 낚시하잖아? 난 집에 가면 맨날 전화 받아. 여보세요 지겨워."

'남의 떡이 커 보인다'는 속담이 있지요? SNS 속 행복해 보이는 사진을 보며 '왜 나만 불행한 걸까?'라는 생각이 든 적이 있었나요? 고민과 걱정이 없는 사람이 있을까요? 고민과 걱정으로 힘든 순간을 이겨냈을 때 무엇을 느꼈는지 기억나나요?

꼭 모두가 같아야 할까요? 남과 다르다는 것. 그 안에서 자신만의 행복을 찾아보는 건 어떨까요?

왜 어른들이 모든 걸 결정하려고 하죠?

수술 하기로 했어

"병원에서 정우 수술하면 축구도 못하고 수영도 못하고 어지럽데. 고모는 들었는데 정우한테 이야기 안 해."

대부분의 어른이 아이에게 도움을 주려고 하지요. 그런데 이왕 도와주실 거면 아이가 어떤 선택을 할 수 있고, 그 선택에 따라 어떤 결과가 나타날 수 있는지 더 자세히 알려주시면 안 될까요? 답만 알려주지 말고요. 그런데 모든 일에 어떤 결과가 나타날지는 누구도 알 수 없긴 하죠.

하여튼, 누구에게나 각자의 사정이 있고 소중한 것이 있어요. 어른만 그런 게 아니에요.

우리 가족이 나만 빼고 행복한 줄 알았는데···. (역지사지)

재도 벙어리예요

"보리가 안 들리니까 청소 그냥 우리들끼리 정하자."

"벙어리 또 왔네. 귀찮아 죽겠어."

"애 듣겠다."

"쟤도 벙어리예요."

"얼마 받을까요?"

"5천 원 더 받아."

보리까지 소리를 들을 수 없다고 하니 보리가 볼 수 있는 새로운 모습들. 가족끼리 있을 땐 나머지 가족들이 행복해 보였는데···.

여러분도 다른 사람의 입장에서 다시 한번 생각해 보는 건 어떨까요?

김진유 감독의 〈나는보리〉 이야기

> **#** 감독님의 삶에서 영화에 관심을 가지게 된 계기, 본격적으로 영화 작업을 하게 된 계기, 〈나는보리〉 시나리오를 쓰고 개봉에 이르기까지 감독님의 여정을 이야기해 주시겠습니까?

영화를 하게 된 계기는 단순했어요. 고등학교 1학년 때 350명중에 349등을 하게 되면서 '이렇게 살면 안 되겠다'고 생각했어요. 내가 할 수 있는 것 중에 무엇을 잘할까 고민하다가 '영화를 해 볼까?'가 단순한 시작이었어요. 이 결심을 한 게 고등학교 2학년 때였어요. 10년이 지나서 〈나는보리〉를 만들게 되었어요.

〈나는보리〉는 2017년 강원영상위원회 공적자금 제작 지원을 받게 되면서 영화를 만들 수 있었어요. 시나리오를 쓰게 된 것은 농아인 협회에서 진행한 '수어로 공존하는 사회'라는 행사가 있었어요. 그때 발표하신 분이 어릴 적 소원이 소리를 잃는 것이었고 그 소원이 이루어져서 농인으로 살아가고 있다고 하셨어요. 저도 어릴 적 그런 생각을 했는데 하면서 발표하셨던 분의 이야기를 시나리오로 쓰게 되었어요. 시나리오를 쓰다 보니 제 이야기가 많이 들어가는 것 같았고 그래서 더 많이 나의 이야기를 넣어야겠다고 생각했어요.

> \# 전작 <높이뛰기의 주인공>은 남자인데, <나는보리>에서는 여
> 주인공으로 바뀌었어요. '보리'라는 캐릭터를 구상한 배경이 궁
> 금합니다. 더불어 시나리오를 쓸 때 영화 속 주요 캐릭터를 어떻
> 게 구상하였는지도 이야기해 주시겠습니까?

둘 다 나의 경험이 많이 들어갔는데 여자 주인공인 것은
이유가 단순해요. 성별이 중요하진 않았어요. '<높이뛰기>
에서 남자 배우랑 했으니까 <나는보리>에서는 여자 배우
랑 해 볼까?' 하는 단순한 이유였어요. 시나리오, 캐릭터를
쓸 때 아빠와 엄마 역할이 있을 텐데 실제 아빠의 모습과 엄
마의 모습이 어느 정도 반영되었지만 둘의 설정을 좀 다르게
해야 했어요. <나는보리>에서 아빠는 수어의 교육을 받지
않은 동네에서 살아가는 사람, 엄마는 후천적으로 소리를 잃
은 인물. 정우는 선천적이면서 인공와우 수술을 고민하는
인물. 다양한 농인들의 인물이 영화 속에 있으면 좋겠다고
생각했어요. 명확하게 보여지는 형태는 아니지만 아빠의 수
어는 홈사인의 영역이고 엄마의 수어는 정식 수어의 영역이
에요.

> \# 모든 캐릭터가 소중하겠지만 <나는보리>에서 특별히 감독님에게
> 인상적인 또는 사랑스런 캐릭터는 누구입니까? 그 까닭은요?

아빠가 좋냐, 엄마가 좋냐 같은 질문 같아요. 모든 캐릭터가 좋았어요. 정우에게도 보리에게도 제 모습이 있어요. 영화 속 아빠, 엄마에는 우리 부모님이 투영되어 있으니 모두 사랑스러워요. 은정이도 영화 속에서 크게 작용한 것 같아요. 친구들이 보리를 대하는 방식에서 친구처럼 의지할 수 있는 게 은정의 역할이지 않았나 싶어요. 저에게도 은정이와 같은 친구가 있는데 영화 속 젊은 선생님이 실제 제게 그런 친구에요.

> # 스토리, 캐릭터, 사건, 촬영, 음악 등 시나리오를 영화로 만들 때 중점을 둔 부분이 궁금합니다.

음악은 미리 만들지 못했어요. 영화를 찍고 음악감독님과 협의한 다음에 너무 슬프지도 기쁘지도 않은 중간의 영역이었으면 좋겠다고 생각했어요. 시나리오 쓸 때는 장애가 불쾌감이나 불편함을 주는 표현 방식이 아니라 같이 살아가는 일상 속의 인물로 보여지면 좋겠다고 생각했어요. 영화에 나오는 수어가 편안한 방식으로 누구나 가볍게라도 배웠으면 좋겠다는 생각에 대사를 심플하게 하고 수어를 쉽게 표현하도록 노력했어요.

영화 전체적인 톤도 감정을 파고드는 것이 아니라 천천히 서서히 바라보는 형태로 하려고 했고요. 영화 속에 큰 사건이 없는데 일상에서도 그렇게 큰 사건이 많지 않잖아요. 그런 일상을 느끼도록 했어요. 그리고 영화 속 공간들이 내가 살았던 공간이었는데 그 공간이 광활하게 보였으면 하는 마음이 있었어요. 인간이 자연 속 작은 존재라는 것을 표현하고 싶어서 더 크게 찍고 싶었던 것 같아요. 계절의 변화를 통해 시간의 변화를 보여주었는데 보리의 고민이 짧은 시간의 고민이 아니라는 것을 나타내고 싶었어요.

> # 시나리오에는 있었으나 촬영 단계에서 사라진 부분, 반대로 시나리오에는 없었으나 촬영하면서 새롭게 만든 부분이 있습니까? 꼭 넣고 싶었는데 러닝타임의 제약으로 편집한 장면은 있었습니까?

보리가 물에 빠지는 장면을 수중 촬영하는 생각을 했어요. 물속에 들어가는 보리와 서서히 사라지는 보리의 판타지 영역을 생각하고 있었는데 그것을 예산 문제로 찍지 못했어요. 영화를 완성하고 나서 다시 보니 있었으면 어떨지 모르겠지만, 이야기를 풀어가는 데 없어도 되겠다는 생각이 들어요. 그 신(scene)이 장단점이 있는 것 같아요. 그리고 정우와 은정이의 로맨스 관계(은정이가 정우를 좋아하는)도 생각하고 있었어요.

> # <나는보리>는 코로나 상황에서도 많은 관객을 만났고, 여러 영화제에서 상을 받았습니다. 관객이나 평론가의 반응도 뜨거웠고요. 감독님은 <나는보리>의 어떤 면이 이런 결과를 끌어냈다고 생각하십니까?

장애를 표현해서라기보다 독립영화 환경에서 밝게 표현된 영화가 많이 없다고 느꼈기 때문 아닐까요? 독립영화 환경에서 밝게 느껴지는 영화였기 때문인 것 같아요. 그리고 농인 가족을 만날 경험이 없었기 때문에 영화를 통해 새롭게 바라보는 지점도 있지 않았을까 싶어요.

> **# 수많은 곳에서 영화를 상영하며 관객을 만났을 것이라 생각합니다. 기억에 남는 관객이 있다면 이야기해 주시겠습니까?**

부산국제영화제에서 첫 상영했을 때 상영 후 관객으로부터 엽서 같은 것을 받았어요. 그분의 아버지께서 수술로 소리를 잃게 되었다고 해요. 그런 상황에서 아빠를 대하는 것이 힘들었는데 〈나는보리〉를 보고 만날 수 있는 용기를 가지게 되었다는 내용이었어요. 지금도 기억이 나요.

강릉 독립예술극장에서 개봉 전에 시사회를 했었어요. 영화에 등장하고 도와주셨던 분들과 같이 볼 수 있는 기회가 있었어요. 저와 그분들이 함께 사는 공간에서 촬영하다 보니 공간이 익숙해서인지 영화관임에도 불구하고 "저거 나야"라면서 뭔가 대화하며 영화를 보는 모습을 볼 수 있었어요. 순간 지역 영화가 지역에서 상영되고 관객들이 뭔가 더 생산적인 이야기를 나눌 수 있는 공간으로 극장이 존재하면 좋겠다는 생각이 들었어요.

어린이 배우와 작업하는 것이 어땠는지 궁금합니다. 특별한 배려가 필요한 부분, 새롭게 느낀 부분, 나아가 어린이 배우와 작업할 때 감독님을 비롯해 스태프들이 꼭 지켜야 할 에티켓 같은 것은 있습니까?

크게 다르지는 않은 것 같아요. 처음 배우들에게 촬영 전했던 이야기가 있어요. 어린이 배우들에게도 현장에 대한 책임감, 현장에 왜 와 있는지를 알려주었어요. 충분한 설명을 해 주려고 했어요. 지금 많은 스태프들이 있는데 왜 이 자리에 있는지 함께 생각해 보았어요. 배우가 잘 나올 수 있게 편안하게 연기할 수 있도록 하는 것이 스태프의 일이고 배우는 자유롭게 연기하면 된다고 이야기 나눴어요. 이 시간을 피하려고 하지 말고 책임감을 갖자는 이야기를 했어요.

그리고 어린이 배우들과 작업할 때 기본적으로 컨디션 조절이 중요한 것 같아요. 8시간 촬영하는데 1시간 촬영하면 10분 쉬는 시간이 필요하지 않나 싶어요. 특히 책임감을 알려줄 필요가 있는 것 같아요. 시간에 대한 책임 같은 것 말이죠.

대본 리딩부터 촬영까지 어떤 과정으로 연기와 감정을 끌어내었는지 궁금합니다.

특별히 요구하거나 연기적으로 설명한 것이 없어요. 시나리오에 있는 수어를 배우들이 익히기 바빴어요. 2시간씩 두 번 수어 수업을 들었어요. 첫 번째는 수어를 이해하는 방식

이었고, 두 번째는 대사 위주의 수어를 배웠어요. 그때 동영
상으로 촬영하고 스스로 연습하고 온 결과가 〈나는보리〉의
장면들이에요. 배우들이 준비한 것을 잘 보여주는 것이 저의
역할이었어요.

배우를 캐스팅한 과정이 궁금합니다. 배우를 캐스팅할 때 감독님은
어떤 관점이나 기준을 가지고 있습니까?

김아송 배우는 오디션을 통해 뽑았어요. 6개월 동안 보리
를 찾아다녔고 200명 정도의 친구들 중에 김아송 배우를 만
났고 같은 날 은정 역할의 황유림 배우도 만났어요.

정우 역할의 이린하 배우는 어떤 촬영 현장에 놀러 갔는데
공을 차고 있더라고요. "공 좀 차니?" 하고 물으니 "공 좀 차
요" 하더라고요. 그 현장에서 확신이 있어서 이린하 배우 부
모님께 출연 제안을 했어요.

곽진석 배우와 허지나 배우는 실제 부부이고 곽진석 배우와
는 여러 인연이 있어서 알고 있었는데 영화를 찍기 전에 만나
서 제안을 하게 되었어요. 배우를 선택할 때 첫 번째로 중요한
것은 시나리오를 쓰면서 제가 가졌던 모습을 많이 가지고 있
는가였어요. 연기는 두 번째였어요. 연기는 배우의 정체성이
있다면 각자의 연기를 하고 있다고 생각하거든요.

촬영 장소는 어떤 기준으로 선정하셨습니까?

촬영 장소는 시나리오 쓸 때부터 어렸을 때 자주 의지했던 공간이 많이 들어갔어요. 실제로 촬영하게 된 것은 예산의 문제도 있었고요. 영화 촬영을 위해 필요한 것을 해결하는 데 있어 모르는 동네면 그런 것들이 힘들거든요.

감독님에게 영향을 준 영화, 영화감독, 배우나 시나리오 혹은 문학이나 예술 작품이 있다면 이야기해 주시겠습니까?

좋아하는 영화는 〈패어런트 트랩〉이에요. 린제이 로한이 쌍둥이 역할로 나오는 영화에요. 〈나 홀로 집에〉라는 영화도 즐겨봤어요. 토요일마다 비디오 가게에 가서 영화를 빌려봤어요. 영화를 통해 삶의 방식, 모르는 영역에 대한 공부 혹은 탐구를 하도록 한 것이 영화의 역할이 이었어요.

배우는 어렸을 때부터 브래드 피트를 좋아했고 지금도 나오면 찾아서 보곤 해요. 그리고 제게 특별한 영향을 준 건 정동진독립영화제인 것 같아요. 거기서 만난 단편영화와 영화 하는 사람들을 통해 영화에 대한 태도나 방식을 배운 것 같아요. 강릉 시네마테크라는 모임도 제게는 큰 의미가 있었어요.

〈나는보리〉 촬영과 편집에서 가장 중요하게 생각한 것은 무엇입니까? 예를 들어 어떤 이미지를 찍고 싶었는지, 어떤 리듬을 만들고 싶었는지, 감독님이 구축하고 싶었던 스타일에 관한 것들이죠.

영화 속 인물을 관객들이 관찰할 수 있는 시간을 충분히 주고 싶었어요. 컷이 빠른 형태도 바뀌면 화면으로 보여지는 것을 놓치기 싫거든요. 어떤 공간에 갇히는 것 같은 느낌을 주고 싶어서 다큐멘터리 방식을 가져온 것도 있고 컷의 길이를 통해 더 생각하면서 볼 수 있는 영화를 만들고 싶었어요. 감정을 주입하기보다 관객 스스로 보고 생각하고 사고 할 수 있으면 좋겠다는 마음이 컸어요. 보리의 가족을 통해 본인의 가족을 바라보고 스스로 생각할 수 있으면 좋겠어요.

> \# <나는보리>에서 특별히 애착이 가는 장면은 무엇입니까? 프레이밍이나 구도를 포함해서요.

보리 가족이 보여지는 장면인데 텐트 속에서 보리가 정우에게 소리 안 들린다고 거짓말하다가 소리를 내는 장면이 있어요. 보리가 "그렇다고 몇 번 말해!" 하는 장면이 촬영 당시에 '컷!'을 외치지 못했던 부분이에요. 이 장면을 화면을 통해 보고 있었는데, 더 보고 싶은 마음에 계속 화면만 보고 있었어요. 그래서 특별한 컷이라고 생각돼요.

> \# <나는보리>에서는 실내외 장면이 골고루, 다양하게 나왔는데요, 촬영 장소나 장면에 따라 조명은 어떻게 사용했는지 궁금합니다.

조명 감독님이 굉장히 디테일하게 해 주셨어요. 조명팀이 조명감독님 포함하여 두 분이었는데 부족한 예산에도 불구하고 노력의 결과라고 생각해요. 화면 속에서 밝은 면과 어두운 면이 공존하는 느낌을 주고 싶었어요. 특별히 요구한 조명은 없는데 빛과 어둠이 공존하면 좋겠다는 생각을 했었고 실제로 조명 감독님께서 분위기를 잘 살려주신 것 같아요. 일정 부분은 색 보정 작업을 하면서 부각시킨 것도 있어요.

> # <나는보리>에서 카메라의 움직임이나 앵글은 어떻게 선정했습니까? 촬영감독에게 맡기는지, 협의하는지, 전반적으로 감독님이 디렉팅하는지 궁금합니다.

전반적으로 제가 생각했던 방식으로 진행했고 일정 부분은 협의를 하면서 했어요. 물리적 시간 때문에 함께 콘티 작업을 못했어요. 현장에서의 변수를 최소화하기 위해서 제가 생각한 방식을 영화 속에 많이 넣었어요. <나는보리>에서 단오장 장면을 빼고 카메라가 움직이지 않는 픽스 형태로 만들었어요. 시각적인 부분이나 촬영에 대해 명확하게 그리고 있어야 촬영 시간도 줄이고 배우들 컨디션 조절도 할 수 있다고 생각했어요. 그래서 생각했던 대로 찍으려고 했어요. 연출자인 저는 더 많이 찍고 싶었지만, 물리적 한계로 선택과 집중을 했던 것 같아요.

모기장 신은 보리를 연기한 김아송 배우, 정우를 연기한 이린하 배우가 긴 호흡의 연기를 처음 경험하는 거였어요. 두 배우가 실제 영화 속 인물이 되는 순간이 보통 테이크 서너 번 진행하고 나서였던 것 같아요. 그런데 모기장 속 장면을 찍을 때는 두 번째 테이크에 보리가 된 것 같았어요. 김아송 배우도 자기도 모르는 에너지가 나왔다고 하더라고요. 저녁시간이라 쌀쌀했는데 보리와 정우 부모 역할의 배우 두 분도 약속된 연기 이외에 자연스럽게 행동하면서 잘 맞물린 것 같아요. 그 순간에 마을이 고요했는데, 그 고요함을 깨야 하는 것이 보리의 역할이었고 그걸 해낸 것이 대단하다고 생각해요.

힘들었던 것은 보리가 경찰서에서 우는 장면이었어요. 초반에 촬영한 장면인데 울고 있는 아송이를 바라보는 제가 힘들었어요. 뭔가 아쉬워서 테이크를 이어갔는데 그것이 제게 고통이었어요. 저도 연출이 처음이라서 힘들었던 것 같아요. 그래도 김아송 배우가 포기하지 않는다고 해서 저도 포기하지 않고 할 수 있었어요.

> \# 실제로 어린이와 영화를 제작하는 학교 선생님들이나 영화 강
> 사가 점점 늘어나고 있습니다. 영화 제작에 관해서 또는 영화의
> 의미에 관해서 이분들에게 해 주고 싶은 이야기가 있을까요?

미디어교육을 통해 아이들과 영화를 만든 경험이 있는데 아이들이 하고 싶어 하는 이야기, 하려는 이야기를 할 수 있게 만들어주는 것이 중요한 것 같아요. 결과적으로 납득이 되지 않더라도 '이게 말이 돼? 안 되는데…'라고도 할 수 있지만, 아이들이 원하고 담고 싶어 하는 장면이 있으면 그것을 최대한 표현할 수 있는 방식으로 이야기해야 하지 않을까 싶어요. 아이들은 자기 생각대로 구현하고 그것을 자기가 다시 보면서 성장한다고 생각해요. 이게 영화를 만드는 기본적인 태도 같아요. 최선을 다할 수 있도록 선생님들이 도와주면 좋을 것 같아요. 그렇게 찍었던 책임의 결과물을 아이들이 보면서 생각할 수 있는 태도를 기르는 것이 중요할 것 같아요.

> \# (추가 질문) 처음 영화를 찍는 아이들에게 선생님이 어느 정도 개
> 입하는 것이 좋을까요?

아이들은 어떻게든 생각하고 사고하고 움직이고 있다고 생각해요. 눈에 보이지 않더라도 기다려주는 것이 좋지 않을까요? 그런데 아이들이 원하는 영화가 없다면 협동심을 기른다는 목표를 두고 하는 것도 좋지 않을까 싶어요.

영화 읽기

◆ 영화 속 장애, 장애인의 이미지

◆ 영화 언어: 스토리, 미장센, 몽타주, 상징

◆ 주제

영화 속 장애, 장애인의 이미지

영화는 재현의 예술이기에 시대와 그 시대를 살아가는 사람들의 관점을 반영한다. 장애와 장애인의 삶을 다룬 영화를 관찰하면 장애, 장애인에 관한 관점을 변화를 발견할 수 있다. 장애인 주인공이 등장하여 큰 관심을 끌었던 영화는 〈레인 맨(Rain Man)〉(1988)과 〈포레스트 검프(Forrest Gump)〉(1994)이다.

레인맨은 빚에 시달리며 살아가는 찰리(톰 크루즈)가 엄청난 재산을 물려받은 형, 레이먼드(더스틴 호프만)의 이야기를 듣고 형을 만나는 것으로 시작한다. 레이먼드는 자폐증으로 정신병원에 입원해 있었고, 형의 유산을 탐낸 찰리는 '레인맨'이라고 불리던 형을 데리고 세상으로 나온다. 무능력하게 보였던 형은 숫자를 외우는 비범한 능력이 있었고 찰리는 형의 능력을 이용해 도박장에서 큰돈을 벌게 된다.

〈포레스트 검프〉 역시 비슷한 플롯이다. 불편한 다리와 남들보다 조금 떨어지는 지능을 가진 외톨이 소년 포레스트(톰 행크스)는 헌신적이고 강인한 어머니와 첫사랑 소녀 제니 덕분에 사회의 편견과 괴롭힘 속에서도 꿋꿋하게 성장한다.

어느 날 친구들의 괴롭힘을 피해 도망치던 포레스트는 자신의 특별한 능력을 발견한다. 포레스트는 달리기 덕분에 누구도 예상치 못한 성공을 거둔다. 레이먼드와 포레스트처럼 '특별한 능력을 가진 장애인'이라는 캐릭터는 다른 영화에서도 자주 활용되어 이제는 클리셰(굳어진, 진부한 표현)가 되었다.

영화는 현실을 반영한다. 하지만 현실과 똑같지는 않다. 영화 속 현실은 '극적 구성을 위해 가공된 현실'이기 때문이다. 영화는 상영 시간이라는 물리적 한계 때문에 제한된 시간 동안 등장인물의 삶을 온전히 보여주는 것이 불가능하다. 게다가 극적인 효과를 위해 특정한 모습을 두드러지게 나타낼수록 인물의 다른 모습은 감춰지게 된다. 그러다 보니 '자폐=비범한 능력의 소유자'라는 설정이 장애와 장애인에 관한 오해를 만들기도 한다. 영화의 파급력이 클수록 이런 오해는 관객에게 더 강한 고정관념을 남기고 이런 고정관념은 왜곡된 장애인식으로 이어지기도 한다.

영화 속 장애인의 모습은 몇 가지로 정리할 수 있다.

첫째, 대체로 지적장애, 발달장애, 자폐, 시각이나 청각장애처럼 외적으로 비장애인과 뚜렷하게 차이가 나는 등장인물이 나온다. 문제는 이러한 인물이 영화 속에서 장애인의 삶을 진실하게 보여주기보다 영화 속 사건 진행에 필요한 소재에 그치고 만다는 것이다. 의도했든 그렇지 않았든 이런 방식은 장애와 비장애, 장애인과 비장애인의 대결 구도를 만들기 때문에 장애인과 비장애인의 '차이'를 부각시켜 왜곡된 고정관념과 편견을 만들기도 한다.

둘째, '장애 극복'이라는 스토리를 따르는 영화가 많다. 장애를 극복하는 과정은 긴장과 기대, 절망과 희망, 기쁨과 환호를 만든다. 하지만 '극복'이라는 관점에 초점을 맞추면 장애를 극복해야만 하는 대상으로 해석하게 만든다. 누군가에게 장애는 극복의 대상일 수도 있지만, 삶의 한 부분으로 받아들이며 하루하루 충실히 살아가는 장애인도 많다. '극복'이라는 스토리가 오히려 장애, 장애인의 삶을 이해하는데 방해가 될 수도 있다. '극복'은 대체로 비장애인이 장애인을 평가하는 관점이기 때문이다.

셋째, 장애인을 수동적인 모습으로 묘사하기도 한다. 〈말아톤〉(2005)에서 자폐를 가진 초원이가 어머니와 코치에게 의존한다고 해서 모든 장애인이 초원이처럼 누군가의 도움이 없이는 살지 못하는 것은 아니다. 장애인이라는 이유로 막연한 동정심을 받는 것은 장애인들이 싫어하는 상황 중의 하나이다. 특별한 배려가 주어진다면 자기 삶을 스스로 가꾸어 가는 장애인도 많다. 특별한 도움이 필요한 것과 누군가에게 의지해서 살아가는 것은 전혀 다른 차원이다.

넷째, 대체로 장애를 개인 수준에서 이해한다. 장애의 원인도 개인에게 돌리고 장애 극복의 책임도 개인에게 돌린다. 장애는 누구에게나 생길 수 있고, 장애인을 위한 '특별한 배

영화 읽기와 가치 수업, 장애인식 개선

려'는 사회 전체에서 같이 고민해야 하는 것이지, 개인이나 가까운 사람의 노력에 기댈 수만은 없다.

다섯째, 드물게 장애를 약점으로 삼아 범죄에 가담시키거나 범죄의 피해자로 묘사하기도 한다. 범행의 대리인으로 장애인이 나올 때는 장애, 장애인의 모습이 희화화될 때도 있다. 하지만 〈도가니〉(2011)나 〈침묵의 숲〉(2020)에서는 범죄에 노출되는 장애 아동의 삶을 보여주었다. 이러한 영화는 많은 사람의 관심을 끌어내어 장애인의 처지를 환기시키고 제도 개혁으로 이어지기도 했다.

여섯째, 자신의 삶을 주체적으로 꾸려가는 장애인과 그가 겪는 일상을 보여주는 영화도 있다. 〈제8요일〉(1996)은 수평적인 관계에서 다운 증후군을 가진 주인공과 비장애인의 우정을 그렸고 〈나는보리〉(2018)는 독립적으로 살아가는 장애인 가족의 모습을, 〈두 개의 세상〉(2016), 〈반짝이는 박수 소리〉(2014)는 장애인 가정의 일상적인 모습을 통해 장애인의 삶을 이해하는 도구로서 영화의 가능성을 보여주었다.

영화 언어: 스토리, 미장센, 몽타주, 상징

폴란드 다큐멘터리 영화 〈두 개의 세상〉과 한국 극영화 〈나는보리〉의 주인공은 농인 부모와 살아가는 청인 자녀 (CODA: Children of Deaf Adult)이다. 두 영화는 농인과 청인의 경계에서 살아가는 주인공의 모습을 통해 장애와 비장애에 관한 모습을 절묘하게 담아내었다. 비슷한 상황에서 펼쳐지는 두 영화를 같이 관람하면 지역의 차이를 넘어 같은 시대를 살아가는 인물의 삶과 함께 다큐멘터리 영화와 극영화의 특징을 견주어가며 풍부한 영화 경험을 얻을 수 있다.

◀◎ 1. 스토리

영화를 비롯해 만화, 웹툰, 소설처럼 이야기를 다루는 예술 작품은 기본적으로 비슷한 '극적 구조'를 가진다. '극적 구조'는 관객이나 독자가 작품에 흥미를 가지고 마지막 장면까지 몰입하게 만든다. '극적 구조'는 평화롭게 생활하던 주인공에게 어떤 문제가 생기고 이를 극복하려는 과정에서 좌절을 겪다가 결국에는 문제를 해결하고 이전과는 다른 모습을 갖게 된다는 것이다. 관객이나 독자의 관점에서는 주인공의 일상이 깨어질 때 긴장하고 주인공의 좌절에서 같이 슬퍼하다가 문제를 해결하는 주인공을 응원하고 마침내 문제가 해결되었을 때 같이 기뻐하고 안도하게 된다. 영화가 대체로 비슷한 '극적 구조'를 가지는 까닭은 사람들이 어려움을 극복한 뒤 가치관의 변화를 경험하는 과정과 닮아있기 때문이다.

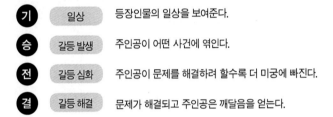

기 일상 등장인물의 일상을 보여준다.
승 갈등 발생 주인공이 어떤 사건에 엮인다.
전 갈등 심화 주인공이 문제를 해결하려 할수록 더 미궁에 빠진다.
결 갈등 해결 문제가 해결되고 주인공은 깨달음을 얻는다.

〈두 개의 세상〉과 〈나는보리〉 역시 이러한 구조를 가지고 있다. 영화의 처음에는 주인공의 일상생활을 보여주다가 시간이 흐르면서 주인공이 겪는 정체성의 혼란을 부각시킨다. 주인공은 예상치 못한 방법으로 문제 해결을 시도하다가 마침내 고민을 해결하고 내면의 성장을 경험한다. 장르는 다르지만 두 영화는 사춘기 소녀의 성장 과정을 드라마틱하게 보여주었다.

단계	두 개의 세상	나는보리
기	라우라 가족의 일상	보리 가족의 일상
승	농인 가정에서 청인으로 살아가는 모습에서 정체성 혼란을 느낌.	가족 중에서 혼자 청인이라 가족 구성원에게 거리감을 느낌.
전	사춘기를 겪으며 부모님과 소통에 어려움을 느낌.	바다에 빠지는 사고를 계기로 청각을 잃은 것처럼 행동함.
결	부모님의 어려움을 이해하고 생활의 균형을 찾으며 한 단계 성장함.	가족의 사랑을 확인하며 가족의 의미를 새롭게 형성함.

성장 영화에서 스토리의 핵심은 주인공의 변화이다. 〈두 개의 세상〉의 주인공 라우라는 가족의 삶과 자신의 모습을 성찰하며 새로운 정체성을 찾아간다. 첫 장면에서 가족과 함께 자전거를 타던 라우라는 영화 뒷부분에서는 친구와 인라인스케이트를 탄다. 흔들리는 그네에 앉아서 대화를 나누던 장면들은 들판에 앉아 친구와 이야기하는 모습으로 바뀌었다. 두 장면은 부모님의 품의 떠나 세상에 적응하고 새로운 정체성을 형성한 라우라의 모습을 보여준다.

처음	마지막

라우라의 변화

영화 읽기와 가치 수업, 장애인식 개선

〈나는보리〉 역시 주인공의 변화를 은유적인 장면으로 보여준다. 영화 초반 보리는 단오장에서 나쁜 일을 막아준다는 '나자르본주'라는 터키 부적을 산다. 여러 사건을 겪으며 성장한 보리는 영화의 마지막 장면에서 나자르본주를 바다에 던진다. 외부의 도움이나 힘에 의지하지 않겠다는 보리의 달라진 모습을 표현한 것이다.

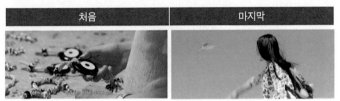

보리의 변화

📽️ 2. 미장센: 경계에서 균형 잡기

두 영화의 주인공은 농인과 청인의 경계에서 살아간다. 가정에서는 농인의 문화에 속해 있지만 가정을 벗어나면 청인 문화에서 생활한다. 주인공이 두 세계를 넘나들며 정체성을 형성하는 모습은 영화 곳곳에서 여러 가지 이미지로 표현되었다. 〈두 개의 세상〉에서 중앙선 위를 걸어가는 라우라의 모습은 엄마와 아빠의 보호를 받으면서 살지만, 청인과 농인의 사이에서 살아가는 라우라의 처지를 보여준다. 사람들이 붐비는 길 한가운데에서도 어깨를 펴고 수어를 하며 당당히

걸어가는 모습에서는 라우라 가족이 당차게 세상을 살아가
는 모습을 느낄 수 있다.

중앙선 위를 걸어가는 라우라

<나는보리>의 첫 장면에서 보리는 하늘을 배경으로 양팔
을 벌려 균형을 잡으며 걸어간다. 농인과 청인 사이에서 균
형을 잡아가며 살아가는 보리의 모습이다. 마지막 장면은 멀
찌감치 떨어져서 방파제 위를 걷는 보리의 모습을 보여준다.
처음과 마지막 장면의 변화는 보리의 성장을 은유적으로 보
여준다. 첫 장면에서 하늘을 배경으로 마치 공중을 걸어가
는 듯 불안했던 보리는 여러 사건을 겪으며 정체성을 형성하
였고 마지막 장면에서는 튼튼한 방파제 위에 발을 내딛으며
경계에서 균형을 잡게 된 것이다.

영화 읽기와 가치 수업, 장애인식 개선

처음	마지막

방파제 위를 걸어가는 보리

■◀ 3. 몽타주

몽타주는 장면과 장면이 연결될 때 생기는 의미를 말한다. 초기 영화에서는 촬영과 편집 기술이 발달하지 못했기 때문에 화면을 꾸미는 미장센에 중점을 두었다. 마치 고정 카메라로 연극무대를 촬영하는 것처럼 촬영하였고 한 화면의 시간도 길었다. 시간이 지나면서 카메라는 작아졌고 편집 기술과 특수효과 역시 발달하였다. 그러면서 여러 종류의 장면을 촬영하고 그 장면을 이어 붙이면서 의미를 만들어내는 창의적인 몽타주가 나타났다. 몽타주는 성격이 다른 장면을 붙여서 여러 가지 의미를 만들기도 하고 한 공간에서 일어나는 여러 모습을 이어 붙이면서 의미를 만들기도 한다. 〈두 개의 세상〉에는 라우라 가족이 스케이트를 타는 장면이 나온다. 얼음 위에서 자유롭게 스케이트를 즐기는 사람들 사이에서 라우라 아빠와 네댓 살 여자아이가 넘어지는 장면이 나온다. 연이어 넘어지는 두 인물의 몽타주는 라우라의 아빠가 세상을 살아가는 모습을 극적으로 보여준다. 청인의 세계에서 볼 때 라우라의 아빠는 그저 네댓 살 먹은 어린아이에 불과할지도 모른다는 느낌을 표현한 것이다. 스케이트장의 몽타주는 비록 세상을 살아가는 수준은 어린아이와 같을지도 모르지만 넘어지면 다시 일어나서 스케이트를 타는 모습처럼 포기하지 않고 가족을 책임지는 강한 아빠의 의지 또한 보여주었다.

스케이트장 몽타주

대체로 영화의 첫 장면은 감독의 의도를 압축해서 보여준다. 〈두 개의 세상〉은 라우라 가족이 수확이 끝난 들판을 자전거로 가로지르는 장면으로 시작한다. 라우라가 앞서 나

영화 읽기와 가치 수업, 장애인식 개선

가고 그 뒤로 엄마, 아빠가 따라간다. 원피스를 입고 자전거를 타는 라우라는 자유롭게 라이딩을 즐기지만 부모님은 그저 차분히 따라갈 뿐이다. 감독은 첫 장면을 통해 라우라 가족이 살아가는 구도를 은유적으로 보여준다. 부모는 라우라가 이끄는 대로 따라갈 뿐이고, 속도도 느리다. 한편 라우라는 자유롭게 생활할 수 있지만 언제나 뒤에 따라오는 부모님을 생각해야만 한다.

자전거를 타는 라우라 가족

🎬 4. 상징

영화의 목적은 설명하는 것이 아니라 보여주는 것이다. 슬픈 사람에게 "너 슬퍼 보여"처럼 대사로 그 상황을 설명하지 않고 배우의 표정과 행동, 조명의 밝기, 카메라 앵글로 그 상황을 보여주고 관객의 머릿속에서 등장인물이 슬퍼 보인다고 해석하게끔 만든다. 잘 만든 영화일수록 등장인물의 감정뿐만 아니라 처지, 생각이나 의도, 가치관까지도 이미지로 보여준다.

〈두 개의 세상〉은 다큐멘터리 영화지만 극영화 못지않은 다양한 구도와 비유적인 이미지로 영화의 재미를 선물한다. 〈두 개의 세상〉에서는 라우라가 짚단 위에 올라가서 허공을 쳐다보거나 그네를 타는 장면이 여러 번 나온다. 바닥이 현실이라면 짚단 위에 올라간 행동은 현실에서 잠시 떨어져 다른 삶을 살아보고 싶은 라우라의 내면을 드러낸다. 라우라 가족이나 라우라가 그네에 앉아 있는 장면은 바닥이라는 현실에 정착하지 못하고 이리저리 흔들리며 살아가는 가족의 모습을 떠올리게 한다.

그야 점심 먹고
쉬고 있으니까 그렇지

바닥에서 떨어져 있는 장면들

주제

■📷 1.같은 그림찾기

　잘 모르는 사람과 이야기를 나누게 되면 두 사람은 주로 공통점을 찾으려고 노력한다. 고향이나 사는 지역, 취미나 취향, 때로는 가치관까지 포함해서 무엇인가 유사한 점을 찾으려 한다. 공통점을 찾는 목적은 '남'에서 '우리'로 관계의 모습을 바꾸고자 함이다. 하지만 차이점을 먼저 찾을 때도 있다. 장애인과 비장애인, 단일문화 가정과 다문화 가정, 전라도와 경상도, 백인과 흑인, 부자와 가난한 자처럼 말이다. 차이점을 찾는 것은 공통점을 찾는 것과 반대로 '우리'를 '남'으로 느끼게 한다. 상대에 따라서 공통점과 차이점을 수시로 바꿔가며 살아가는 것은 아이러니이다.

　〈두 개의 세상〉과 〈나는보리〉는 농인과 청인의 경계에서 살아가는 주인공을 통해 장애인과 비장애인의 관계는 구분이 아니라 인간이라는 공통점에서 출발해야 함을 제시한다. 살아가는 방식과 태도가 다를 뿐 인간으로서 가지는 욕구와 생활 방식은 같다. 〈두 개의 세상〉에서 볼 수 있듯이 휴

대폰을 통해 다른 사람과 연락을 주고받는 것은 누구에게나 일상적인 일이다. 단지 목소리만 쓰느냐 아니면 문자 메시지나 화상통화를 하느냐의 차이이다. 서로 주고받는 메시지의 의미에 관심을 가지지 않고 목소리로 소통할 수 없음에 집중하는 것이 장애인과 비장애인을 가르고, 차별이 생기게 하는 원인이다.

수어로 화상통화하는 라우라의 엄마

〈나는보리〉에는 짜장면을 먹는 모습이 여러 번 나온다. 보리 가족이 짜장면을 즐기는 것은 전혀 특별하지 않다. 만일 다른 영화에서 짜장면을 먹는 장면이 나온다면 '나도 짜장면을 좋아하는데' 또는 '나도 짜장면을 먹고 싶다'라고 생각하기 쉽다. 하지만 〈나는보리〉에서 보리의 도움이 없이는 전화로 주문하지 못하는 상황을 보면서는, 보리 가족이 불편하거나 안타깝다는 생각에 사로잡힐 수도 있다. 흰 도화지처럼 넓은 보리 가족의 일상에는 눈을 감고 작은 점 같은 목소리의 유무에만 집중하는 태도야말로 안타까운 것이다.

짜장면을 먹는 보리 가족

장애인식 개선의 출발점은 장애인과 비장애인의 공통점을 찾는 것이다. 영화 읽기의 도착점은 결국 장애인과 비장애인이 '같다'라는 생각을 가지는 것이기 때문이다. 장애인 가정에서 생활하는 비장애인이 주인공인 두 영화는 장애인과 비장애인의 일상적인 모습을 통해 '같은 그림 찾기'를 할 수 있는 계기를 마련해 준다.

영화 읽기와 가치 수업, 장애인식 개선

한 사람을 이해하는 것은 그 사람의 역사를 받아들이는 일이다. 상대가 어떤 삶을 살아왔는지 알지 못한 채 그 사람이 내뱉는 말이나 행동만으로 판단하면 비록 그것이 사실일지라도 진실은 아닐 수 있다. 두 영화에서 주인공이 부모님의 성장 과정을 알게 되는 장면은 주인공의 심리적 갈등을 해결하는 모티브가 되었다. 〈두 개의 세상〉에서는 부모님의 만남과 결혼, 라우라의 성장 과정이 담긴 비디오테이프와 가족 대화를 통해 부모님의 삶을 이해하는 자녀의 모습을 보여주었다. 〈나는보리〉에서도 아버지와 보리의 낚시 장면과 엄마와 보리의 대화를 통해 보리가 부모님의 삶을 이해하는 과정을 보여주었다. 주인공이 부모님을 이해하는 과정은 결국 자신의 뿌리를 찾는 과정이고 이는 영화 속 주인공이 자신의 정체성을 찾는 데 큰 영향을 주었다. 두 영화에서는 공통적으로 주인공의 조부모님이 등장하여 주인공의 부모님이 기억하지 못하는 부분은 설명하는데, 이 장면은 주인공이 부모님의 삶을 더 큰 맥락에서 이해하는 데 도움을 주었다.

라우라 부모님의 기록 영상

엄마가 소리를 못 듣게 된 과정을 듣는 보리

◼️🎬 3. 행동의 출발점: 어울리기

장애, 장애인에 관한 편견을 깨는 가장 빠르고 정확한 방법은 장애인과 같이 지내는 것이다. 두 영화가 보여주는 것처럼 장애인과 같이 지내면 장애인과 비장애인이 '다르지 않다'라는 것을 가장 정직하게 느낄 수 있기 때문이다. 비장애인으로 태어났을지라도 후천적으로 장애를 가지게 될 수도 있고 물리적인 충격이나 신경계 이상 또는 심리적인 이유로 일정 기간 또는 영구적으로 불편한 상태에 놓일 수도 있다. 관계의 핵심은 장애인과 비장애인을 구분하는 것이 아니라 자연스럽게 어울리는 것이다. 장애인와 비장애인이라는 구분은 관계를 규정할 기준이 될 수 없다. 단적으로, 가족 중 한 명이 뇌졸중을 겪어 움직임이 부자연스러워졌다고 해서 그 가족을 부끄러워하거나 동정하는 사람은 없다. '우리'라는 이름으로 편견 없이 어울릴 때 장애인과 비장애인의 구분은 사라진다.

두 영화는 비슷한 소재와 주제를 가지고 있지만 〈두 개의 세상〉과 〈나는보리〉에 나타난 사회적인 분위기는 조금 다르다. 〈두 개의 세상〉에서는 라우라를 비롯해 라우라 가족이 장애인으로서 특별히 따돌림을 받는 장면이 나오지 않는다. 물건을 살 때, 직장을 구할 때, 대출을 받을 때에도 이들이 장애인이라고 해서 특별한 시선으로 보는 사람이 없다. 하지만 〈나는보리〉에서는 친척의 동정, 친구들의 무시, 옷가게 점원의 행동처럼 장애인을 향한 여러 가지 차별이 나타났다.

장애인을 향한 부당한 처우와 사회적인 분위기는 '우리'라는 생각에서 출발한 자연스러운 '어울림'을 통해 극복할 수

있다. 두 영화의 주인공 역시 편견 없는 친구들이 있었기에
자신의 정체성을 잡아갈 수 있었다. 이제 우리 차례이다.

라우라와 친구들

보리와 은정

　영화 읽기와 가치 수업, 장애인식 개선

장애인식 개선 교육의 현실

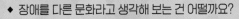

- ◆ 장애를 다른 문화라고 생각해 보는 건 어떨까요?
- ◆ 장애인에게만 특수교육이 필요한 게 아니라
  모든 아이들에게 특별한 지원이 필요해요
- ◆ 장애인의 날이 아닌
  장애인식 개선의 날이어야 하지 않을까요?
- ◆ 장애인식 개선을 하려면 직접 만나보세요
- ◆ 장애라는 이름으로 구분 짓지 말아주세요

장애를 다른 문화라고
생각해 보는 건 어떨까요?

"과거에는 수화라고 했는데 이제 수어라고 해요. 미국 쪽에서 영어 쓰고 일본에서는 일본어 쓰는 것처럼 청각장애인들은 수어를 쓰는 거죠. 하나의 외국어를 사용한다고 봐요. 수화라는 단어는 이제 적절하지 않아요. 그건 뒤집힌 문화, 저급한 문화라고 볼 수 있어요.

손으로 하는 대화가 아니라, 원래 의사소통 자체를 손으로 하는 문화 속에서 산 거예요. 말은 문화에서 만들어지고 생성된 거니까 농문화에서 사용하는 언어라고 생각하면 될 것 같아요."

"우리가 수어 표현에 한계가 있다고 느끼는데 수어를 쓰는 본인들 세상에서는 엄청 다양하고 풍부하다고 느껴요. 그리고 자폐도 많은 종류가 있고 거기에 법칙이 있는 건 아니에요. 사람 대 사람으로 대하는 방법을 아이들에게 알려줘야 하는 게 아닌가 싶어요."

"장애만 다르게 보는 게 아니고, 다 다른데 장애만 특별하고 다르다고 생각하는 것 자체에 대한 생각이 필요할 것 같아요. 학교에서 장애이해 교육 시간에 오신 분이 고등학교 때 사고로 다리를 잃으신 이야기를 하셨는데 교사와 학생 모두 눈물을 글썽이면서 들었어요. 그분은 누구나 자기 의도와 다르게 그렇게 될 수도 있고 하니 그걸 인정하고 받아들이는 분위기였어요. 다름을 차이가 아닌 다름으로 인정하면 좋겠어요."

장애인에게만 특수교육이 필요한 게 아니라
모든 아이들에게 특별한 지원이 필요해요

"외국에는 특수교육 대상자라는 말이 없어요. 모든 아이에게 특별한 지원이 필요한 거죠. 제가 미국에 갔을 때, '미국에서는 청각장애인이 보통 어떤 직업을 갖느냐'고 물었거든요. 그 질문을 받은 분이 그런 질문을 왜 하는지 의아해하는 거예요. 아이가 하고 싶은 게 있으면 그들은 아이가 할 수 있게 지원하는 거지, 청각장애인이 가져야 할 직업이 따로 정해져 있지 않다고 했어요. 그게 엄청 큰 차이인 거예요. 그 이야기를 듣고 많은 생각을 하게 되었어요."

"나는 특수교육을 모르고 전문가도 아니니 이 아이를 가르칠 수 없다고 말하는 게 아니라, 이 아이가 우리가 설정한 목표에 도달할 수 있도록 어떤 것을 해 줄 수 있을지 생각해 주는 게 필요한 것 같아요."

장애인의 날이 아닌
장애인식 개선의 날이어야 하지 않을까요?

"장애인에 대한 관점은 계속 변한다."

"장애인식 개선의 날이라고 불러야 할 것 같은데 우리는 장애인의 날이라 부르고 있다."

"일단 저는 장애 체험은 반대해요. 우리 사회가 가지고 있는 장애에 대한 밑바닥 인식은 불쌍하다인 것 같아요. 흰 지팡이 짚고 가보고 손 묶어서 생활하면서 장애인들이 진짜 불쌍하구나 라고 생각하게 되요. 그런데 이런 불쌍하다는 생각은 지구력을 가지지 못해요. 우리는 지구력을 가지도록 해 주는 장애이해교육을 하고 있다고 생각하지 않아요. 우리가 가지고 있는 상상력의 빈곤 때문에 장애를 이해하려면 내가 그 사람 되어보면 되지 하고 생각하는데 그 사람에 대한 완벽한 이해가 이루어지면 모르겠지만 오히려 그 사람에 대해 가지고 있는 편견을 강화시키는 상황이 더 많이 벌어지는 것 같아요."

"정상화는 왜 생겼고 평균은 왜 생겼는지에 대한 간접적인 이야기 통해 장애를 이해한다면 장애에 대한 오해에서 벗어날 수 있지 않을까 생각해요."

"(영화를 통해) 농인 중심으로만 생각했는데, 자녀 관점을 이해하는 계기가 되었어요. 딸이 얼마나 외로움을 느끼는지 알게 되었어요."

"장애인이란 말을 쓰지 않으면 좋겠어요."

"다르다는 것을 인정하면 장애인식 개선에 도움 되지 않을까요?"

"농사회를 도와주는 것보다 개인 간에 서로 돕는 것이 좋을 것 같아요."

"아, 이런 사람도 있구나. 저런 사람도 있구나'라고 인정하면 좋겠어요. 농인에 대해 인정하지 않으면 그들은 놀림감이 돼요. 딸이 7살에 저와 롯데리아에서 휴대폰으로 영상 통화를 하고 있었는데, 딸 친구가 그 모습이 이상하다고 했데요. 그래서 딸이 우리 엄마 통화 중이라고 이야기해 주었더니 그 친구가 '아, 통화 중이셨구나'라고 했는데 이렇게 다름을 인정하는 게 장애인식 개선에 도움이 될 것 같아요."

영화 읽기와 가치 수업, 장애인식 개선

"저는 청각장애에 관해서는 잘 알았지만, 자폐에 관해 아는 게 부족했어요. 그래서 자폐가 있는 분들은 단순히 정신적으로 문제가 있다고 생각했어요. 크게 오해한 거죠."

"교육할 때 경험담을 들려주면서 상대방이 수화를 모르더라도 천천히 또박또박 이야기하면 충분히 대화가 된다고 말씀드려요. 말이 가장 중요한 것 같아요. 제 나이 40이 넘었지만 어릴 때 들은 '벙어리'라는 말이 여태 잔상으로 남아요. 등굣길에 친구랑 같이 가는데 한 남학생이 나타나서는, '바보야!', '벙어리야!'라고 놀렸거든요. 그걸 주변 사람들이 다 들었어요. 그때 그 말로 인한 상처가 지금까지 남아있어요."

"〈두 개의 세상〉 영화가 담담하게 담아내서 좋았던 것 같아요. 실제적인 현실을 그냥 그대로 보여준 영화인 거 같아서 좋았어요."

"자녀 반에(우리 아이 반에) 특수아가 없는 걸 다행스럽게 생각해요. 다름이나 불편함을 느끼는 시선도 인정해야 할 것 같아요. 이론적으로 접근해서 구분 짓는 게 아니라 그들과의 접촉을 통한 민감성, 즉 장애와 장애인의 삶에 관한 관심과 공감이 중요한 것 같아요."

장애인식 개선을 하려면 직접 만나보세요

"지금까지 봤을 때 가장 좋았던 것은 자주 만났다는 거예요."

"아이들은 같은 공간에서 부딪혀야 하고, 부딪히면서 생기는 갈등을 해결해 줄 조력자가 필요한 거죠."

"실질적으로 경험했던 것을 말해 주니 더 도움이 되었어요."

"갑자기 많은 장애인을 만날 일이 있었는데, '아 어떡하지?'라는 생각이 들지 않고 자연스럽게 함께 하게 되더라고요."

"아이들에게 장애 이해 교육을 해 주는 게 아니라 아이들과 장애인 과학 체험 행사를 통해 함께 부스를 운영했어요. 그걸 하면서 많이 느끼더라고요. 아이들은 제가 없어도 자기들끼리 알려주고 배워요."

장애라는 이름으로 구분 짓지 말아주세요

"우리는 장애인이라는 라벨링이 붙어있어요. 원래 붙어있는 이름표를 떼어내려면 너와 내가 똑같다는 것을 알아야 하고 그러려면 같은 공간에서 부딪쳐봐야 해요. 너랑 내가 다르다는 게 똑같다는 것을 알아야 하는 것 아닐까요?"

"장애라는 이름으로 구분 지었는데 구분하면 좋을 거라는 건 사회의 판단인 거죠. 그 판단으로 아이들이 특수학교에 있는 것 같아요."

"그 어떤 상황과 조건이라도 분리라는 것이 합법적으로 허용되는 것은 문제라고 봐요. 아이들이 그걸 원한 것이 아니잖아요. 특수학급과 같은 이런 공간들이 사회적으로 이미 하드웨어처럼 만들어져있으니 선택권 없이 여기로 와야 하는 거예요. 그러다 보니 일반사람들도 '저 아이는 여기 왜 있지? 특수학교 안 보내고?' 이런 이야기를 하는 이유는 그런 공간이 이미 만들어졌기 때문이라 생각해요. 만약 그런 공간이 없으면 같은 공간에서 해결하려고 하지 않을까요? 그러면 자연스럽게 친구들 속에서 관계, 협력이 일어나겠죠."

"살아갈 때는 농인이나 청인이나 똑같아요. 부모 마음도 그렇죠. 농부모든 청부모든 부모 마음은 똑같아요. 부모는 자녀가 농인이건 청인이건 상관하지 않아요."

"저의 장애가 아닌 실력을 봐달라는 내용을 넣어서 강의하고 있어요. 장애를 사람으로 바꾸면 좋겠어요. 장애란 말이 나쁜 의미가 아님을 알지만, 똑같이 봐주는 세상이면 좋겠어요. 안경을 쓰고 있는 사람도 안경을 벗으면 앞이 잘 안 보이니 장애인이 돼요. 교통사고 나서 병원 갔을 때 목발 사용을 못하게 하면 모두 장애인 되죠. 스스로 자기에게 장애가 있다는 점을 인정하지 못하는 사람이 많은 것 같아요. 장애를 인정하는 사람과는 이야기할 수 있지만, 그렇지 않은 사람과 이야기하면 마음이 상할 때가 많아요."

"장애 이해 교육에서 장애의 종류와 같은 이론적인 것은 빼면 좋겠어요. 말하는 동시에 명명되는 라벨링을 피해야 하고 사례 위주가 나을 것 같아요. 그리고 초점이 장애에만 맞춰진 것은 피하면 좋겠어요. 사례 위주로 다양성 이해 주간을 만들어 다른 것에 초점을 두는 게 필요하지 않을까요?"

이 인터뷰는 프로그램을 개발하기 전 특수학교 교사, 농인 협회 관계자, 청각장애인 부모와 자녀를 만나면서 나누었던 내용입니다. 이분들과의 이야기를 통해 책이나 논문에서 느낄 수 없었던 부분을 채울 수 있었습니다. 학교 학생들에게 이론적으로, 형식적으로 접근하는 장애 이해 교육이 아니라 직접 경험하는 듯한 생생함을 느끼게 하는 장애인식 개선 프로그램이 필요하다고 느꼈습니다.

각자의 위치에서 장애인, 비장애인이라는 구분 없이 함께 이웃으로 살아가는 이야기를 전하고 싶었습니다. 인터뷰에 참여하신 분들의 이름은 따로 기록하지 않고 주제에 알맞게 내용을 정리하였습니다.

수업 디자인 [가이드북 수록]

〈두 개의 세상〉을 활용한 장애인식 개선 수업

이 수업은 12차시로 운영하였습니다. 수업 진행은 프랑스와 트뤼포 감독의 '영화를 사랑하는 방법'을 참고하였습니다. 영화를 사랑하는 방법은 '영화를 두 번 보고, 영화에 관한 글을 쓰고, 영화를 만드는 것'입니다. 같은 영화를 두 번 보는 경험은 학생들에게 익숙하지 않았습니다. 학생들은 영화를 두 번 보면서 처음에 놓쳤던 장면과 이해하지 못한 내용을 생각할 수 있었습니다. 영화가 짧아서 가능했기도 했지만 정말 뜻깊은 관람 경험이었습니다. 영화 장면을 통해 영화 언어를 배우고, 영화 속 장면을 따라 찍으면서 컷과 몽타주를 이해할 수 있었습니다.

워크북은 영화 언어 이해와 영화 읽기 부분으로 나뉩니다. 차시별 수업 활동은 학생들이 영화라는 장르를 탐색하는 과정을 '여행'이라는 은유로 구성하였습니다. 영화는 감독이 만든 상상의 세계입니다. 그래서 영화를 관람하는 것은 그 세계를 학생들과 경험하는 것입니다. 여행을 떠나기 전 여행지에 관한 자료를 조사하고 현지어 몇 마디를 익히는 것처럼 영화 내용을 간단히 소개하고 대표적인 영화 언어인 미장센과 몽타주, 서레이드를 배웁니다. 여행지에 따라 여행 목적이 다르듯이 영화마다 더 주목할 부분이 있습니다. 마찬가지로 영화를 보기 전 영화 속 주요 캐릭터를 상상해 보고 그 영화가 속한 장르의 특징을 알아보는 것은 감상에 큰 도움이 됩니다. 이런 바탕을 마련한 뒤 학생들과 영화를 감상합니다. 여행지에서 새로운 사람을 만나듯 영화를 감상한 뒤에는 영화 속 등장인물과 가상 대화를 하는 활동으로 만들었습니다. 이어서 그 영화에서 다루는 주요한 관점을 학생들과 나눌 수 있도록 영화 읽기 활동을 넣었습니다. 끝으로 여행 후기를 쓰듯 학생들이 영화의 세계 여행에서 경험한 소감을 쓰며 전체 활동을 정리하였습니다. 활동은 12차시에 나눠서 진행할 수 있고 자세한 내용은 다음의 표와 같습니다. 활동지 PDF는 부산국제어린이청소년영화제 홈페이지 자료실에 있습니다.

차시	콘셉트	수업 활동	준비물/유의점
1	여행 오리엔테이션	여행 목적 설명/여행 일정 안내 가이드북 배부/가이드 소개	가이드북 가이드 이름표
2	여행을 즐기는 방법 안내	미장센, 몽타주, 셔레이드 설명 관람할 영화에서 잘라낸 클립 활용	관람 영화 클립
3	영화의 세계 관광	영화 관람(50분) 〈두 개의 세상〉 (미치이 아다메크, 폴란드)	영화 파일 (네이버 영화 다운로드)
4	여행지 돌아보기	영화 속 주요 미장센, 몽타주, 셔레이드를 다시 보며 영화 언어 배우기	관람 영화 클립
5	기념촬영	미장센과 몽타주 개념을 중심으로 영화 속 몇 장면을 따라 찍기	스마트폰 (모둠 활동)
6	기념촬영	미장센과 몽타주, 셔레이드의 개념을 살린 영화 속 장면 따라 찍기	스마트폰 (모둠활동)
7	여행 영상 감상	촬영한 영상을 편집하여 완성. 학생들이 완성한 영상을 보며 미장센, 몽타주, 셔레이드 복습	학생 영상 클립
8	현지어 배우기	농문화 소개. 기초 수어 배우기	한국어 수어 사전
9	현지 문화 체험	농세계 간접 체험 이어플러그를 끼고 일상 대화를 홈사인(각 가정에서만 쓰는 수신호)으로 소통하기	이어플러그 홈사인 영상
10	현지인 만나기	등장인물의 삶을 생각하며 등장인물에게 물어보고 싶은 질문 만들기	가이드북
11	농세계 여행	영화 관람(50분) 〈두 개의 세상〉 (미치이 아다메크, 폴란드)	영화 파일 두 번째 관람
12	여행 후기	등장인물에게 던진 질문에 답 쓰기 장애인을 만날 때 에티켓 배우기 영화 읽기 수업 소감 정리	가이드북

1	활동 시간	40분	준비물	가이드북

활동 방법 및 내용	**1.** 영화 소개 **2.** 가이드북에 이름 쓰기 **3.** 수업 콘셉트 소개: 영화를 사랑 하는 방법 "영화의 세계를 여행한다는 느낌 으로 수업을 진행하겠습니다. 여러 분에게 나눠준 것은 영화의 세계를 여행할 때 쓰는 가이드북이라고 생 각해 주세요."	
	1. 활동 과정 소개 "수업 활동은 여행을 다녀오는 과 정과 비슷합니다. 여행을 하기 전 에 그 나라의 말을 배우듯이 영화 의 세계로 떠나기 전에 영화 언어 인 몽타주와 미장센 그리고 셔레이 드를 배우겠습니다. 영화를 감상한 뒤에는 영화를 더 깊이 알아보는 몇 가지 활동을 하겠습니다. 관람 평도 써 보고 짧은 영화도 만들어 볼 것입니다."	
	1. 용어 설명 　- 미장센 　　활동지에 있는 설명 읽기 　- 몽타주 　　활동지에 있는 설명을 읽은 뒤 　　눈은 감았다가 몸을 돌리고 다 　　시 눈을 뜨는 활동으로 몽타주 　　를 체험 　- 셔레이드 　　활동지에 있는 설명 읽기 　　# 영화 속 장면을 활용하여 설명	 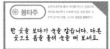 

활동 방법 및 내용	**1.** 참고 영상으로 미장센의 의미를 이해한 뒤 활동지 작성 참고 영상 유튜브 [월간 작은숲] 미장센으로 영화 읽는 법	두 사진의 차이를 모두 써 보세요.
	1. 다큐멘터리 영화의 특징 소개 **2.** 영화 관람 후 영화 속 주요 미장센, 몽타주, 셔레이드를 살펴보고 소감 쓰기 "이제 영화의 세계로 출발하겠습니다. 여러분이 배운 영화 언어를 기억하며, 영화 속 표현과 의미를 잘 이해해 봅시다."	**여행지** **두 개의 세상** Dwa swiaty, Two Worlds, 2016 개요 다큐멘터리, 드라마 | 폴란드 | 50분 감독 마치아 아다메크 첫 번째 여행 후기 - 미장센, 몽타주, 셔레이드를 중심으로
	1. 이미지를 관찰한 뒤 이미지의 의미 찾기 "영화 속에는 등장인물이 짚단 위나 그네처럼 공중에 있는 장면이 나옵니다. 이 장면은 등장인물의 어떤 처지를 표현한 것일까요?"	

영화 읽기와 가치 수업, 장애인식 개선

	1. 몽타주의 의미를 생각하며 영화 속 네 장면을 똑같이 촬영하여 영상으로 완성하기 "여행지에서는 기념촬영을 하잖아요. 우리는 영화의 세계를 여행하니, 영화로 기념촬영을 하겠습니다. 활동지에 있는 네 장면과 똑같은 영상을 만들어 보세요."	
활동 방법 및 내용	"예시 활동은 두 가지입니다. 두 편을 모두 만들어도 좋고 한 편만 만들어도 좋습니다. 화면 속 등장인물의 크기, 위치, 분위기를 잘 관찰한 뒤 똑같은 영상을 만들어 보세요."	
	1. 국립국어원 홈페이지를 활용한 수어사전 검색, 간단한 수어 몇 가지 익히기 **2.** 청력 테스트 (이어캡을 꼈을 때와 뺐을 때의 청력의 차이를 경험해 본다.) **3.** 이어캡을 끼고 가이드북에 적힌 홈사인 만들기	

활동 방법 및 내용	**〈관람 전〉** 첫 번째 관람을 바탕으로 등장인물에게 물어보고 싶은 질문 쓰기 **〈관람 후〉** 영화 내용을 바탕으로 자신이 쓴 질문에 등장인물이 대답했을 법한 내용 쓰기	
	1. 가이드북을 참고해서 여러 유형의 장애와 유형의 특징에 따른 에티켓 익히기	 ▶출처: 한국장애인개발원
	1. 활동 후기 작성 "첫 시간, 프랑스와 트뤼포 감독이 말한 '영화를 사랑하는 방법'에 맞춰, 우리는 영화를 두 번 보았고 글을 썼으며 영화를 만들어 보았습니다. 영화의 세계를 여행한 경험을 정리해 보세요." **2.** 소감 공유	

영화 읽기와 가치 수업, 장애인식 개선

🎬 4월 20일

4월이 되면 간간이 불어오는 따뜻한 봄바람을 맞으며 개학으로 분주했던 3월의 긴장을 날려 보낸다. 학생들도 서먹했던 분위기를 벗어나 눈인사를 하고 새 친구를 사귄다. 교실은 점점 시끌벅적해진다. 시키지 않아도 마음이 통하는 친구 둘 또는 여럿이 뭉쳐 또래집단을 만든다. 반대로 친구들과 어울리지 않는 학생도 눈에 들어온다. 1년을 지내다 보면 또래집단이 다시 만들어지고, 외롭게 지내던 학생에게 친구가 생기기도 하지만 가끔 이런 맥락에서 조금 벗어난 학생도 본다. '그저 있는' 학생이랄까.

7년 전 은희를 만났다. 가방부터 연필까지 온통 분홍으로 색을 맞춘 초등학교 2학년 은희는 커다란 레이스가 달린 옷을 즐겨 입었다. 진한 쌍꺼풀에 초롱초롱한 눈망울, 로션을 듬뿍 발라 반질반질 윤이 나는 피부, 또래보다 조금 더 큰 키, 무엇보다 등교부터 하교까지 눈만 맞으면 함박웃음을 지어주는 미소천사였다. 글씨를 또박또박 쓰고, 숙제와 준비물을 빼먹지 않는 은희였다. "은희는~"처럼 자기 이름을 넣어 생각이나 기분을 표현하고 별 탈 없이 친구들과 이야기를 나눌 때도 있지만 난데없이 고집을 부리거나 모둠 활동에서 아

무엇도 하지 않아서 친구들을 당황시키기도 했다. 친구들은 은희가 만드는 묘한 분위기에 다가가고 멀어지기를 반복했다.

장애학생과 비장애학생을 한 교실에서 가르치는 통합반 담임은 의무적으로 국립특수교육원의 60시간짜리 '특수교육의 이해'를 이수해야 했고 나 역시 그랬다. 특수교육에 관한 법령부터 여러 가지 장애의 특징과 그에 적절한 지도 방법을 들었고, 온라인 평가도 쳤다. 하지만 뭔가 부족함이 느껴졌다. 왜냐하면 그 내용이 내가 날마다 만나는 은희를 이해하고 지도하는 것과 이어지지 않았기 때문이다. 나는 주위 교사들에게 조언을 구했고 그 방법을 활용했다.

은희가 잠시 교실을 비운 사이에 학생들에게 은희는 조금 다르니 여러분이 따뜻하게 맞아주고 이해해야 한다고 말했다. 순수하고 착한 2학년 학생들은 내 말을 듣고 끝까지 그렇게 해 주었다. 나는 다행이라 생각했다. 하지만 학년이 바뀔 즈음 학생 사이에서 '은희는 좀 이상하다'라는 말을 가끔 들었다. 은희에게 다가가는 학생은 점점 줄어들었고 마지막 한 달은 외롭게 지내는 은희가 너무 안타까웠다. 내 능력 부족을 자책했다. 친구들과 점점 멀어지고, 수업을 따라오지 못하는 상황이 이어지는데도 나는 무기력했다.

자료를 찾다가 '통합교육(Inclusive education)이 제대로 이뤄지려면 장애 학생의 장애를 보완해 줄 특별한 배려가 따라야 한다. 특별한 배려 없이 장애 학생을 일반 학급에 방치하는 것은 통합교육이라고 볼 수 없다'는 글을 읽었다. 장애학생을 격리하는 것에는 반대한다. 하지만 격리를 반대한다고 아무 대책 없이 일반 교실에 던져 놓는 것에도 반대한다. 은희가 투명인간이 되어가는 상황은 나의 부족함이나 은희 친구들의 잘못으로만 돌릴 일만은 아니었다.

그 뒤로도 몇 차례 통합학급을 맡았다. 상황은 비슷했다. 학생들에게 장애학생의 상황을 알리고, 잘 도와주라는 당부를 했다. 그리고 오래지 않아 안타까운 장면이 반복되는 걸 보게 되었다. 이건 학생들의 문제가 아니었다. 운이 좋으면 1년은 착한 친구들을 만나서 재미있게 보낼 수 있을지도 모르지만 이런 상황을 계속 기대하는 건 무리였다.

내가 생각하는 바람직한 방법은 학생들에게 무조건적인 배려를 요구하지 않고, 한 교실에서 생활하는 친구의 장애를 정확히 이해하고, 친구의 상황에 공감하는 마음으로 다가가는 것이다. '장애인의 날', '장애인 차별 금지의 날', '장애인식 개선의 날'인 4월 20일 즈음이면 모든 학교에서 장애인식 개선 교육을 한다. 나 역시 오랫동안 통합반 선생님이 보내는 활동지를 가지고, 〈대한민국 1교시〉라는 영상을 보며 장애인식 개선 수업을 했다. 너무 보편적인 내용을 짤막하게 설명해서 그런지, 같은 교실에 있는 장애 학생을 이해하는 데는 별 도움이 되지 못한다는 생각이 들었다. 하지만 보편적인 교육자료로 만든 영상이 그 수준을 벗어나기도 어려울 것 같았고, 그 자료를 쓰지 않고서 다르게 할 수 있는 방법도 없었다. 나는 대안 없이 비판만 할 뿐이었고 통합교육에 있어서 늘 제자리 걸음이었다.

고민의 끝은 영화를 활용한 수업이었다. 영화를 활용해서 해마다 4월 20일에 장애를 가진 친구를 이해하고 공감하며, 함께 살아갈 수 있는 마음가짐과 태도를 기를 수 있는 수업. 지식을 전달하는 데 그치지 않고 깊이 공감하고 체험할 수 있는 구체적이고 체계적인 수업. 그러면서도 지겹지 않은 수업을 만들어야겠다고 생각했다.

이번 수업을 기획하면서 장애인, 장애인 가족, 특수학교 교사와 이야기를 나누었다. 인터뷰 전까지만 하더라도 듣는 데 어려움이 있는 사람을 부르는 공식 용어가 무엇인지도 몰랐다. 문학 작품에서 흔하게 나오는 '벙어리', '귀머거리'라는 말이 차별을 담고 있는 용어인지 알지 못했다. 법적으로는 '청각장애인'이라고 쓰고, '청인(聽人)'에 견주어 '농인(聾人)'이라고 부른다는 것도 이때 알았다. 그런데 한자어 사전에서도 농(聾)을 검색하면 '귀머거리 농'이라고 나오니 장애를 차별하고 낮추어보는 뿌리 깊은 문화를 느꼈다. 심지어는 장애인이 주인공으로 나오는 영화에서도 '농인'이 아니라 '귀머거리'라고 쓴 글을 보았다. 이런 현실에서 단기간 수업으로 얼마큼 변화를 만들어 낼 수 있을지 확신할 수 없었다. 포기하지 않고, 끝까지 가보는 것 외에 다른 방법이 없었다.

#2 미장센, 몽타주, 셔레이드

영화를 활용해서 장애인식 개선 수업을 만들려면 교육과정을 재구성해야 했다. 마침 국어 8단원이 영화 감상문을 쓰는 활동이었다. 국어 9시간과 창의적 체험활동 3시간을 합쳐 12시간을 확보하고 성취기준에 맞게 수업 내용을 배치하였다. 6학년 2학기 국어 8단원 '작품으로 경험하기' 단원의 내용은 영화를 감상하고 만드는 활동이었다. 영화 감상 부분에서는 '피부색깔 = 꿀색'을 보고 감상문을 쓰는 활동이 있었다. 교과서에서는 영화를 감상할 때 '인물의 성격, 인물들의 관계, 영상의 특징과 화면 구도'를 살펴보라고 나와있다. 인물의 성격이나 관계를 읽어내는 과정은 영화뿐 아니라 모든 예술작품을 감상할 때 쓰는 방법이다. 그렇다면 '영화'를 감상하는 특별한 관점은 영상의 특징과 화면 구도인데 이에 관한 설명을 담기에는 교과서 지면이 너무 부족했다. 그러다보니 스토리와 인물 위주로 영화의 내용을 감상하는 수준에 머물 수밖에 없었다. 영화 만들기 역시 주제와 내용을 정한 뒤 사진과 영상, 자막을 넣어 편집한다는 일반적인 '영상 제작'의 순서로 제시했다. '스토리를 글로 쓰는 게 아니라 영상으로 표현한다'라는 목적에 맞춘 것이다. 컷의 이해나 미장센, 몽타주라는 기본적인 영화 언어를 생략한 채 영상 제작 체험으로 수업이 끝나는 것이 아쉬웠다.

시, 소설, 회화, 건축, 영화처럼 예술 장르마다 그 세계를 이해하고 해석하는 특별한 관점이 있고 이를 은유적으로 '언어'라고 부른다. 시의 언어와 소설의 언어가 다르고 영화의 언어가 다르다. 시를 감상할 때는 운율, 심상, 주제와 표현 방법으로 살펴보는데 소설을 감상할 때는 인물, 사건, 배경 또는 주제, 플롯, 문체를 중심으로 한다. 같은 맥락에서 영화를 감상할 때는 영화의 스토리와 함께 카메라의 움직임, 화면 속 요소의 배치와 같은 미장센(Mise- en- Scène)과 함께 화면과 화면이 이어지면서 의미를 만드는 몽타주(Montage)를 유심히 살펴야 한다. 미장센과 몽타주를 모른 채 영화를 감상하는 건, 시를 의미로만 해석하는 것과 같아서 영화라는 장르의 특별한 매력을 느끼기 어렵다.

영화는 과거를 재현하고 미래를 보여주며, 복잡한 마음을 드러내기에 효과적이라서 교육뿐 아니라 여러 분야에서 활용되고 있다. 하지만 대체로 어떤 개념이나 사건을 설명하는 '시청각 자료'로 활용하다보니 영화 언어로 영화를 보는, 다시 말해 '영화답게 영화를 보는' 방식은 예나 지금이나 주목받지 못하고 있다. 영화는 '보여주는' 예술이다. 영화감독은 스토리로도 알려주지만, 미장센과 몽타주를 활용해서 스토리에 담지 못하는 내용을 넌지시 드러낸다. '영화를 활용한 장애 인식 개선' 수업 역시 영화를 감상하는 것에서 출발했다. 학생들이 영화의 줄거리를 따라가며 그 상황과 사건을 해석하는 과정과 함께 미장센과 몽타주로 표현하는 여러 가지 메시지를 읽을 수 있도록 수업을 만들기로 했다. 영화 제작 활동에서도 미장센과 몽타주를 강조하여 단순히 이야기를 영상으로 옮기는 것이 아니라 '화면을 구성하고, 컷을 이어 붙이는' 원리를 체험할 수 있도록 계획하였다.

#3 Cinema Tour

'영화를 활용한 장애인식 개선 수업'은 '영화를 이해'하고 '장애인식을 개선'한다는 두 가지 목표로 설계하였다. 수업에 쓸 영화는 BIKY(부산국제어린이청소년영화제)에서 무료로 배급하는 폴란드 다큐멘터리 〈두 개의 세상(Two world)〉(2016, 마치이 아다메크)으로 정했다. 나는 영화를 여러 번 보며 학생에게 영화 언어를 설명할 컷을 선별하였고, 농문화를 이해하고 공감하는 활동을 구상하였다. 두 가지 목표를 추구했기 때문에 수업은 영화 언어를 배우는 부분과 장애인식 개선을 추구하는 부분으로 나누었다. 긴 시간 수업을 하기 때문에 영화를 한 번만 보고 수업을 진행하기는 어려웠다. 책을 두 번 읽으면 첫 번째에 읽을 때 미처 발견하지 못했던 부분이 보이듯이 영화도 두 번 보면 이해가 깊어진다. 만일 한 도시를 같은 코스로 두 번 연달아 여행한다고 가정해 보자. 첫 번째 여행 때는 긴장과 설레임으로 두 번째 여행은 여유와 익숙함으로 서로 다른 경험을 하지 않겠는가.

마지막으로 감상과 체험을 '여행'이라는 콘셉트에 맞춰 활동을 만들었다. '여행'이라는 콘셉트를 떠올린 까닭은 우연이 아니었다. 코로나가 10개월째 지속되었고 상황은 나아질 기미가 없었다. 수학여행도 가까운 체험학습도 갈 수 없게 되었다. 학생들은 삼 일에 한 번 등교 수업을 했다. 코로나로 인해 물리적인 이동은 어려워졌지만 영화를 통해 잠시 다른 세계로 떠날 수는 있을 것 같았다. 12시간 수업의 큰 제목은 '영화로 떠나는 여행'으로 잡았고 작은 제목은 장애 인식 개선과 연결되도록 'Travel to deaf world'로 했다. 다큐멘터리 영화 〈두 개의 세상〉을 보며 '영화 언어'를 배우고 같은 영화를 다시 보며 '장애와 장애인의 삶' 속으로 깊이 들어가는 구조였다.

12시간 수업을 하는 동안 학생들이 지루하지 않도록 모든 활동과 준비물은 '여행'이라는 콘셉트에 맞춰 세심하게 준비했다. 패키지 투어를 갈 때 관광객이 경험하는 과정처럼 영화 수업도 크게 네 부분으로 나누었다. 첫째, 여행 전 현지어 몇 마디를 배우 듯 영화 언어를 배우는 과정. 둘째, 영화 언어로 영화를 감상하는 과정. 셋째, 관광지에서 기념촬영을 하듯이 영화를 만드는 과정. 넷째, 현지인 친구를 사귀듯 영화 속 등장인물의 삶을 이해하고 공감하는 과정으로 계획하였다. 수업에 쓸 학습지는 '여행 가이드북'으로 만들었다. 학생들이 여행이라는 콘셉트에 녹아들 수 있도록 12시간 수업을 하는 동안 교사는 '여행 가이드'가, 학생은 '관광객'이 되는 경험을 만들려고 했다.

방역 단계에 따라 2주 단위로 등교일이 달라졌다. 수업을 계획한 시기에는 이틀에 한 번 등교 수업을 했다. 학생들이 등교 수업을 하는 월, 수, 금요일 오전 4교시를 영화를 활용한 장애인식 개선 수업으로 진행하기로 했다.

🔴 #4 여행 준비

즉흥적인 여행이 아니고서야, 여행 기간보다 여행 준비에 더 많은 시간이 들어간다. 이번 수업 역시 학생들과 진행하는 건 12시간이지만, 준비는 11개월이 걸렸다. 여행 캐리어를 꾸리듯 실제로 수업에 쓸 자료를 준비했다.

학생들에게 나눠줄 활동지는 '여행 가이드북' 콘셉트로 만들었다. 미리캔버스 사이트를 활용해서 디자인하였고, A5크기 12쪽으로 만들었다. 표지에는 네임태그 디자인을 붙여서 자기 이름을 쓰도록 했다. 페이지별로 여행 일정표(교육과정), 현지어 배우기(미장센, 몽타주, 셔레이드), 기념촬영(영화 만들기), 현지인 사귀기(농문화 체험, 등장인물과 대화)라는 과정에 맞춰 내용을 편집하였고 뒤 쪽에는 장애인과 지낼 때 에티켓을 넣고 여행 후기를 쓸 수 있게 했다. 다음으로 교사와 학생이 아니라 '가이드와 관광객'으로 수업을 진행하도록 교사 가슴에 붙이는 'MR. BIKY'라는 이름표를 만들었다. 수업 진행을 도울 PPT는 여행 가이드북 디자인과 비슷하게 제작하였고, 농문화 체험에 쓸 이어캡은 온라인으로 주문하였다.

수업 준비와는 별개로 수업 과정을 기록할 수 있도록 교실 앞뒤에 놓을 태블릿 2대와 목소리를 녹음할 레코더 한 대, 스틸 사진을 찍을 스마트폰 한 대를 준비하였다.

가이드북과 이름표

#5 DAY 1

바다초등학교 6학년 1반. 해운대 해수욕장에서 지하철 한 코스 거리이고, 주변은 아파트 단지이다. 우리 반은 남학생 16명, 여학생 14명이고 수업 시간에만 아주 조용하다. 조용하다기보다는 반응이 별로 없다. 그 이유는 학생들만 알 뿐이고. 이 때문에 학생들이 어떤 반응을 보일지 궁금하기도

　　　영화 읽기와 가치 수업, 장애인식 개선

했다.

책상 위에 준비물을 올려놓은 뒤 텔레비전 화면에 PPT 첫 번째 화면을 띄웠다. 예고했던 대로 이번 주 12시간 동안 영화를 활용한 장애인식 개선 수업을 할 거라고 말했다. 그리고 준비한 이름표를 가슴에 달았다.

"안녕하세요? 저는 여러분을 영화의 세계로 안내할 가이드 미스터 비키(MR. BIKY)입니다. 이 수업을 하는 동안 저를 선생님이라고 부르지 말고 미스터 비키라고 불러주세요. 그럼 미스터 비키라고 같이 불러 볼까요. 하나, 둘, 셋!"

"미스터 비키!"

학생들은 깔깔거리며 나를 불렀다. 몇몇은 서로 마주 보고 웃었다. 학생들 얼굴이 활짝 펴졌다. 그동안 거의 느껴보지 못한 격렬한 반응이었다.

"영화로 떠나는 여행 프로그램에 참여해 주서서 고맙습니다. 먼저 여행 일정을 알려드리겠습니다."

가이드북을 나눠주었다. 먼저 받은 학생들은 호기심어린 눈으로 가이드북 내용을 살폈다. 성격이 급한 학생이 물었다.

"미스터 비키님. 이 가이드북은 주는 거예요? 아니면 반납이에요?"

"아하, '님'자는 빼고, 미스터 비키라고 불러주세요. 가이드북은 여러분에게 줄 거예요."

처음부터 자발적인 질문이 나오다니, 출발이 순조로웠다. 가이드북의 일정표를 보며 12시간 동안 수업할 내용을 간략하게 설명했다. 미장센, 몽타주처럼 영화 언어를 배운다고 했을 때는 갸우뚱하더니 기념 촬영으로 간단한 영화도 만들어 볼 거라 했을 때는 눈이 동그래졌다. 수업의 뒷부분에서 경험할 농세계 여행을 이야기할 때는 뭔가 대단한 경험을 할 것처럼 기대에 부풀었다.

"우리가 외국 여행을 가면, 그 나라 말을 배우잖아요. 물론 외국어를 몰라도 여행은 할 수 있겠지만, 그 나라 말과 글자를 많이 알수록 여행을 더 즐길 수 있겠죠. 영화의 세계에서 쓰는 언어, 영화 언어를 배우면 우리의 영화 여행도 훨씬 풍성해질 거예요. 세 가지만 기억합시다. 미장센, 몽타주, 셔레이드."

가이드북을 참고해서 미장센, 몽타주, 셔레이드를 설명한 뒤, 학생들이 관람할 '두 개의 세상'에 나오는 몇 장면으로 예

영화 읽기와 가치 수업, 장애인식 개선

를 들어가며 설명하였다. 미장센은 화면을 꾸미는 방법으로 촬영에 해당하고, 화면 속 카메라의 움직임, 사람이나 사물의 위치, 의상과 배경, 화면의 밝기와 색으로 표현한다고 설명했다. 몽타주는 장면과 장면을 붙여 의미를 만드는 방법으로 편집에 해당하고 화면이 바뀔 때마다 왜 이렇게 바뀌는지, 화면의 변화가 만드는 시간, 장소, 인물, 소리의 변화에 집중해 보라고 했다. 서레이드는 일반적으로 많이 쓰는 표현은 아니지만 영화 속에서 대사로 표현되지 않는 여러 가지 의미를 읽어내는 방법으로 이번 영화에서는 배우의 몸짓에서 등장인물이나 영화가 말하고자 하는 내용을 상상해 보자고 하였다.

가이드북을 활용해 미장센을 좀 더 자세히 공부했다. '두 개의 세상'에는 부부와 딸이 거실에 앉아 이야기하는 장면이 자주 나오는데 그중 두 장면을 보여준 뒤 다른 점을 모두 찾아보라고 했다. 학생들이 영화의 세계 여행에서 직접 체험하는 첫 번째 활동이었다. 내 말이 떨어지자마자 '다다다다' 서른 명이 글 쓰는 소리가 마치 재봉틀 박음질 소리처럼 활기차게 들렸다. 학생들이 쓴 내용을 이야기했다.

'화면의 밝기, 대화, 행동, 앉은 자세, 등장인물의 배치'처럼 겉으로 드러나는 차이를 쓴 학생도 있었고 '위쪽 사진보다 아래쪽 사진의 소녀가 답답해 보이고 어둡다'처럼 감정을 읽어낸 학생도 있었다. 어떤 학생은 오브제(물건)와 인물의 시선까지 관찰하기도 했다. '위쪽 사진에는 음식이 거의 없지만 아래쪽 사진은 음식이 많이 남아있다. 위쪽 사진에서는 아무도 핸드폰을 보지 않지만, 아래쪽 사진에는 핸드폰을 보고 있다. 위쪽 사진의 여자아이 시선은 부모님한테로 가고 있고 부모님은 서로 보고 있지만 아래쪽 사진에서는 부모님은 여자아이를 보고 있고 여자아이는 핸드폰을 보고 있다'라고 이야기했다.

가이드북에 학생이 쓴 내용

영화 읽기와 가치 수업, 장애인식 개선

이어서 영화 속 스케이트장 신(scene, 한 개 이상의 컷으로 만드는 의미 단위)을 보여주며 몽타주를 설명하였다. 내 경험으로 미뤄봤을 때 학생들에게 아무 설명을 하지 않고 영화를 만들어 보라고 해도 여러 컷으로 촬영을 해서 편집하는 것을 봤다. 하지만 왜 그 장면을 그런 컷으로 촬영했는지 또는 그 장면과 이어지는 장면을 선정한 까닭을 물어보면 대답하지 못했다. 컷의 변화는 화면 크기와 카메라의 위치만 바꾸는 것이 아니라 이어지는 특정한 장면을 넣어서 새로운 의미를 나타내기도 한다.

스케이트장 몽타주

① 라우라 가족이 스케이트를 탄다.

② 라우라 아빠는 자유롭게 스케이트를 타는 사람들 사이에서
위태롭게 다니다가 결국 넘어진다.

③ 네댓 살로 보이는 아이가
라우라 아빠와 똑같이 스케이트를 타다가 넘어진다.

감독은 네댓 살 아이가 귀여워서 영화에 넣은 게 아니다. 아마도 두 인물을 하나의 의미로 만들어서 마흔이 넘었지만 네댓 살 아이처럼 세상살이에 익숙하지 못하고 위태롭게 살아가다 넘어지는 모습을 영화적으로 표현한 것이다.

| #1 | #2 | #3 |

라우라의 아빠가 스케이트를 타다 넘어지는 장면과 네댓 살 아이가 넘어지는 장면을 이어서 보여주며 라우라 아빠에게 세상은 네댓 살 아이가 살아가는 것처럼 힘들고 어려움을 표현함.

스케이트 장면

미장센부터 시작해 몽타주를 설명하기까지 학생들 눈빛은 나와 화면을 떠나지 않았다. 내가 움직이면 위치 추적 장치가 붙은 것처럼 학생들의 얼굴이 나를 따라다녔다. 설명을 듣고 실습을 하며 고개를 끄덕이고 때때로 '아'라는 짧은 감탄사를 뱉어내기도 했다. 어떤 학생은 가이드북을 넘기며 그 다음에 배울 내용을 읽기도 했다. 정말 관심이 있거나, 알고 싶은 내용은 학생들이 자발적으로 찾아 배우기 마련이다. 문득, 다른 교과도 이렇게 가르쳐야 하는데, 라는 생각이 스쳤다.

이어서 다큐멘터리 영화의 특징을 소개하였다.

"이 영화는 마치이 아다메크라는 폴란드 감독이 2016년에 만든 작품입니다. 2018년 부산국제어린이청소년영화제에서 상영을 했는데, 아주 인상 깊었죠. 영화는 농인 부모 아래서 자라는 청인 자녀의 삶을 보여줍니다. 주인공 라우라는 청인의 세상과 농인의 세상 사이에서 사춘기를 보내죠. 두 개의 세상 사이에서 살아가는 라우라의 삶을 잠시 들여다 볼 수 있어요. 이 영화는 다큐멘터리 영화입니다. 다큐멘터리는 우리가 많이 보는 극영화처럼 지어낸 이야기가 아니라 실제 이야기를 촬영하고 편집한 영화이죠. 그러니깐 우리가 볼 영화 속 등장인물은 실제로 폴란드에 살고 있어요. 하지만 다큐멘터리 영화라고 해서 모든 것이 진실은 아닙니다. 등장인물이 살아가는 수많은 시간 중에서 감독이 선택한 부분만 편집해서 영화를 만들기 때문이죠. 제가 조금 과장해서 말하자면, 제가 정직하게 살려고 노력하지만 가끔 거짓말을 할 수도 있잖아요? 만약에 어떤 감독이 제 일상을 촬영한 뒤 제가 거짓말을 하는 장면만 편집해서 〈거짓말쟁이 BIKY〉라는 다큐멘터리 영화를 만들었다고 치죠. 영화 속 제 모습은 모두 사실이지만, 저의 정직한 모습은 보여주지 않으니 진실이라고 하기 어렵죠. 이해를 돕기 위해 조금 과장을 했어요. 정리하자면 다큐멘터리 영화는 실제 사건을 담지만 감독이 보여주고자 하는 주제에 맞춰 편집한 영화라고 생각해 주세요."

영화가 잔잔하기 때문에 조금 지루할 수도 있지만 상영시간이 50분이니 집중력을 잃지 말라고 부탁했다. 하지만 영화 속 미장센과 몽타주를 읽어내면서 영화를 본다면 마치

퀴즈를 푸는 것처럼 흥미로울 수도 있다고 했다. 내 경험을 돌이켜보면 이 영화를 본 어른들은 등장인물에 몰입해서 눈물을 흘렸고, 청소년들은 하품을 해서 눈물을 흘렸다. 과연 우리 반 학생들은 어떨지 궁금하면서도 불안했다.

시작하고 5분까지는 집중을 하더니 소곤대는 소리가 들렸다. 앞 쪽으로 자리를 옮겨달라는 학생도 있었다. 20분이 지나자 대여섯 명은 눈에 띄게 자세가 흐트러졌다. 아예 영화를 보지 않는 학생도 한둘 있었다. 하지만 전체의 삼분의 이는 집중해서 보려고 노력했고, 몇몇 학생들은 영화에 빠져있기도 했다. 영화가 끝났을 땐 영화에 존경을 담아 박수를 치는 학생도 있었다. 가이드북을 펼쳐 영화를 본 소감을 썼다.

"주인공 소녀가 부모님이 청각장애인이셔서 항상 도와드려야 하는 게 힘들어 보이고 내 입장에서는 대견해 보였다. 주인공 소녀가 중·고·대학생이 되어도 부모님과 행복하게 지냈으면 좋겠다. 그리고 감상하면서 몰입해서 볼 수 있어서 좋았다. 서레이드로 거의 감상하였는데도 불구하고, 등장인물의 마음과 생각을 다 이해할 수 있어서 좋았고 슬픈 마음도 들고 재밌기도 하였다."

"여자아이가 부모님을 책임지는 건 매우 힘들 텐데 이겨내면서 하는 것이 멋졌다. 나도 한 가지를 할 때 끝까지 책임지고 할 것이다. 그리고 내가 오늘 배운 몽타주 미장센, 서레이드가 정말 잘 드러난 것 같다."

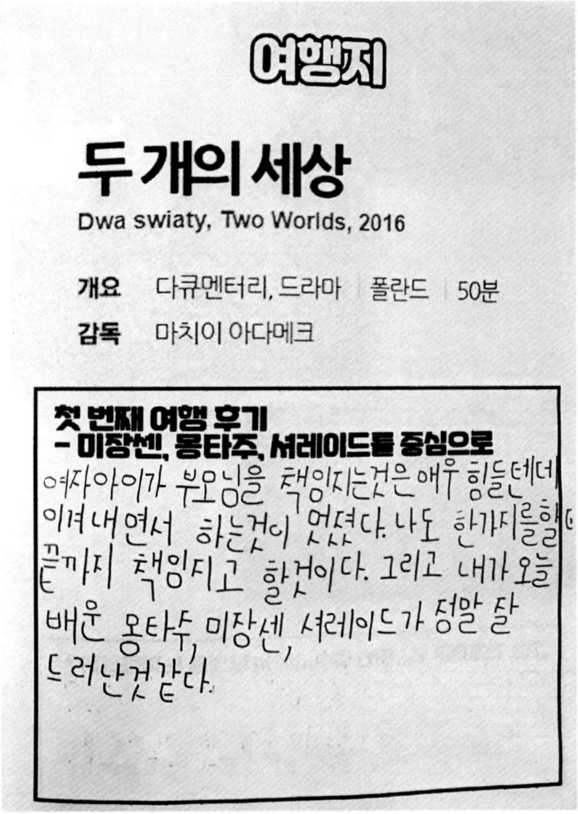
여행지

두 개의 세상

Dwa swiaty, Two Worlds, 2016

개요 다큐멘터리, 드라마 | 폴란드 | 50분

감독 마치이 아다메크

첫 번째 여행 후기
- 미장센, 몽타주, 셔레이드를 중심으로

여자아이가 부모님을 책임지는것은 매우 힘들텐데 이겨내면서 하는것이 멋졌다. 나도 한가지를 할때 끝까지 책임지고 할것이다. 그리고 내가 오늘 배운 몽타주, 미장센, 셔레이드가 정말 잘 드러난것같다.

가이드북에 학생이 쓴 내용

영화 언어를 고작 한 시간 남짓 배우고 영화를 감상하였기에 큰 기대는 하지 않았다. 소감에서도 영화 언어에 쓰는 용어는 나왔지만 어떤 장면과 연관 지어 용어를 설명하는 학생은 거의 없었다. 하지만 영화를 볼 때는 미장센, 몽타주, 셔레이드라는 관점으로 볼 수 있다는 기회를 가진 것만으로도 좋은 경험이었다고 생각했다. 영화 감상을 나눈 뒤 영화 속 몇 장면을 예로 들어가며 미장센, 몽타주, 셔레이드를 복습하였다. 그제서야 고개를 끄덕이고, '아, 이게 그런 뜻이구나'라는 표정을 지었다. 영화 속에서 라우라 가족이 도로를 걷는 장면을 다시 보여주었다. 중앙선 위를 걷는 라우라 옆에 부모님이 함께 걸어간다. 농인과 청인의 경계에서 살아가는 라우라의 모습을 화면으로 보여주는 뛰어난 미장센이었다. 학생들은 이제야 확실히 알겠다는 표정을 지었다.

라우라 가족이 도로를 걷는 장면

서레이드라는 개념은 나도 이해하기 힘든 구석이 있었다. 그래서 대중적으로 쓰이지 않는지도 모르겠고. 그래도 미장센과 몽타주로 설명하지 못하는 부분을 해결해 주기에 학생들과 잠시 이야기를 했다. 영화에서 라우라가 그네를 타거나 짚단 위에 올라 있는 것처럼 공중에 있는 장면이 자주 나온다. 이런 장면은 무엇을 말하려는 것인지 학생들과 이야기했다. 학생들은 '멍~' 했다. 영화 언어로 영화를 본 경험이 없었으니 당장 자기 해석을 붙이기도 어려울 거라 생각했다. 학생들의 대답을 조금 기다린 뒤 아마도 현실에 받을 딛지 못하고 고민하며 이리저리 흔들리는 주인공의 마음, 지금보다 더 나은 모습을 소망하는 주인공의 마음이 아니겠냐고 이야기했다. 물론, 이건 MR. BIKY의 해석일 뿐, 다른 해석도 충분히 가능하다고 말해줬다.

공중에 있는 장면

이렇게 여행 첫날 일정을 마무리했다. 나 혼자 긴장하고 설레여 시작한 여행이고, 학생들은 뜬금없이 관광객이 되었지만, 여행은 여행이었는지 기분 좋은 피로가 몰려왔다. 수요일, 두 번째 여행에서는 기념 촬영으로 영화를 만들 거라고 했다. 학생들은 믿기지 않는다는 듯 좋아했다. 진짜냐고, 진짜 영화를 찍냐고 확인하는 학생도 있었고.

#6 DAY 2

9시 수업 종이 울리자 이름표를 가슴에 달았다.

"안녕하세요. 미스터 비키입니다."
"오오!"

학생들은 한층 밝아진 목소리, 밝아진 분위기로 화답했다. 코로나로 우울한 날들이 이어졌는데, 몇 달 동안은 코로나 때문에 못한다는 말을 입에 달고 살았는데, 이렇게 긍정적인 분위기 자체가 행복했다.

"여행 첫날에는 영화 언어를 배우고, 영화의 세계를 여행하였습니다. 여행을 하면 기념촬영을 하죠? 오늘은 우리도 기념촬영을 할 건데요, 영화의 세계로 떠나는 여행답게 사진이 아니라 영화로 찍겠습니다. 기념촬영의 콘셉트는 따라 찍기입니다. 따라해 보세요. 따.라.찍.기."

　따라 찍기를 하는 까닭은 몽타주 공부 때문이었다. 영화는 컷이 바뀔 때마다 카메라의 구도, 인물의 크기, 장소나 시간이 바뀌기 마련이다. 서로 다른 컷을 연결하고, 부분만 촬영한 컷을 연결하면 관객의 머릿속에서는 전체적인 이미지가 만들어진다는 몽타주의 마법도 경험시켜주고 싶었다. 이런 내용을 설명한 뒤에 영화를 찍게 해도 내 설명은 깨끗이 사라졌고 학생들은 정면 풀샷에서 잘 벗어나지 못했다. 좋은 시나 그림을 따라 쓰고 그리면서 실력을 늘려가는 것에서 실마리를 찾아 촬영도 따라 찍으면서 배워보기로 했다. 따라 찍을 영상은 교실과 운동장에서 적절하게 나눠서 실습할 수 있도록 영화 속 교실 장면과 들판에서 스케이트를 타는 장면을 보여주었다. 촬영할 신은 네 컷으로 나눠서 가이드북에 넣어두었고, 학생들에게는 가이드북 장면과 똑같이 찍어서 편집하면 된다고 했다. 서너 명이 한 모둠을 만들어 촬영을 시작했다.

　네 컷 영상이었지만 학생들 대부분이 영화를 만들어 본 경험이 별로 없었기 때문에 촬영하고 편집하는 데 두 시간이나 걸렸다. 첫 번째 난관은 역할 나누기였다. 사춘기에 접어들어서 그런지 배우 역할을 부담스러워 했다. 어렵게 역할을 나누었지만 배우 역할을 맡은 학생이 연기를 제대로 하지 않으니 촬영 속도가 느렸다. 그렇게 다시 찍고, 지적하고, 토라지고, 역할을 바꾸고, 다시 불평하고를 반복하다가 겨우 영화를 완성했다.

넷째 시간에는 여덟 모둠이 만든 영화를 같이 보았다. 만들 때는 그렇게 수동적이더니, 친구들이 만든 영상을 볼 때는 다시 찍고 싶다는 이야기를 하는 모둠도 있었다. 보여준 영상과 비슷하게 찍은 모둠은 하나도 없었지만, 컷의 변화를 느낄 수 있을 정도는 되었다. 학생들은 영화를 만드는 과정이 쉬운 게 아니라고 하였고 생각보다 머리를 많이 써야 하는 것 같다고 했다. 이렇게 여행 둘째 날이 지나갔다.

가이드북 기념 촬영 부분

영화 읽기와 가치 수업, 장애인식 개선

학생들이 기념 촬영으로 만든 영상을 다시 보며 셋째 날 여행을 시작했다.

"여행의 마지막 날이군요. 오늘은 영화를 통해 조금 특별한 세계로 떠나겠습니다. 아마도 여러분 대부분 가보지 못한 세계지요. 왜냐하면 우리가 두 발로 갈 수 있는 장소가 아니기 때문입니다. 그럼 도대체 어디일까요? 여러분은 소리를 들을 때 불편함이 없죠? 하지만 태어날 때부터 또는 질병 때문에 청각이 손상된 사람들도 있습니다. 듣는 데 불편함이 있다는 뜻으로 농인이라고 부릅니다. 반대로 어려움이 없는 사람은 청인이라고 부르죠. 조금 뒤 여러분과 여행을 떠날 곳이 바로 '농인의 세계, Deaf world'입니다. 여행의 묘미는 맛있는 음식과 풍성한 볼거리도 있겠지만, 현지인 친구를 만나는 것이죠. 우리도 영화 속 등장인물인 라우라 가족을 만나보겠습니다. 물론 실제로 만나는 건 아니지만요."

둘째 날은 영화를 찍는다고 좋아하더니 마지막 날에 농인의 세계를 여행한다고 하니 학생들 표정이 알쏭달쏭했다. 학생들에게 친근한 사진을 한 장 보여주었다. 정은경 선생님이 코로나 일일상황보고를 하는 모습이다.

"이 장면 많이 봤죠? 정은경 선생님 옆에 한 분이 서 있습니다. 누구죠?"

"수어?"

"수화?"

몇 명이 고개를 갸웃거리며 대답했다.

"수어 통역사입니다. 수화는 손으로 그림을 그린다는 뜻으로 언어보다 수준이 낮은 느낌을 주기 때문에 공식적으로 수어라고 부릅니다. 저도 이번에 처음 알게 되었는데, 우리나라 공식 언어는 두 가지예요. 하나는 입으로 전달하는 한국어이고, 다른 하나는 손으로 전달하는 한국 수어입니다. 국립국어원에 들어가면 수어 사전이 따로 있어요. 한번 보여 줄게요."

수어 사전에서 '안녕하세요', '고맙습니다', '아름다워요'를 찾아 학생들과 따라 해 보았다. 우리가 보는 영화 제목 '두 개의 세상'도 수어로 표현해 보았다. 교회나 학예회에서 수어를 해 본 학생들도 있었다. 유튜브에서 찾은 수어 영상을 보면서 표정과 수형(손 모양)으로 의미를 추측해 보았다.

"농인이라고 해서 모두 소리를 못 듣는 것은 아닙니다. 인

영화 읽기와 가치 수업, 장애인식 개선

공와우 수술을 하거나 보청기를 쓰면 어느 정도 소리를 들을 수 있어요. 작은 소리는 못 듣지만 큰 소리는 듣는 사람도 있고요. 쉽게 말해서 청각을 상실한 사람이 아니라 듣는 감각, 청각에 불편함, 즉 어려움이 있다는 뜻이죠. 그래서 청각장애인이라고 이름을 붙인 거고요."

학생들은 고개를 끄덕거렸다. 너무 당연하게 여겼던 것들, 뜻 모르고 쓴 말이 이런 의미인 줄 몰랐다는 표정이었다.

"안타깝게도 모든 농인이 수어를 할 수 있는 건 아닙니다. 농인 중에는 특수학교를 다니지 못한 사람도 있어요. 그러다 보니 공식 수어 대신에 가족처럼 가까운 사람들끼리만 쓰는 손짓이 있어요. 이걸 '홈사인'이라고 합니다."

이어서 간단한 청력 테스트를 했다. 유튜브 영상을 활용해서 8,000Hz부터 19,000Hz 대역을 들으며 자기 청력이 어디쯤인지 확인했다. 그런 뒤에 이어캡을 나눠주었다. 이어캡을 끼고 청력 테스트를 다시 했다. 이어캡을 벗은 뒤 소감을 물었다. 학생들은 귀가 답답했다거나 생각보다 소리가 잘 들리지 않았다고 말했다.

"평생 또는 인생의 긴 시간 동안 청각 장애를 가지고 살아가는 사람의 처지를 간단한 체험활동으로 상상하기는 어렵습니다. 가이드북에 홈사인 대본을 넣어두었습니다. 이제 이어캡을 끼고 짝과 함께 대본 내용을 홈사인으로 만들어 보겠습니다."

두 사람이 홈사인으로 대화하는 내용을 나와 학생들이 나눠서 만들어보고 학생들끼리도 만들었다. 첫 번째 문장은 '오늘 기분이 안 좋아'였다. 이어캡을 끼고 홈사인을 만드니 학생들의 표정이 살아났다. 안 좋다는 홈사인은 손 모양뿐 아니라 표정으로 같이 만들었다. 말을 쓰지 않으니 다른 감각이 깨어나는 듯했다. 그렇게 실습을 마치고 이어캡을 뺐다. 여기저기서 갑갑했다는 이야기가 나왔다.

"우리는 짧은 시간이었고, 이어캡을 이용했기 때문에 완벽한 농체험을 하지도 못했습니다. 하지만 그 시간 동안 여러분은 소통에 어려움을 겪기도 했고, 답답함을 느꼈습니다. 이제, 우리가 영화에서 보았던 주인공 라우라의 가족에게 관심을 가져 봅시다. 실제로 라우라와 라우라 부모님을 만난다면 무엇을 물어보고 싶습니까? 듣지 못하는 부모님과 살아가는 라우라에게, 딸과 소통하기 힘든 라우라의 부모님에게 말이죠."

학생들은 쉽게 쓰지 못했다. 비슷한 두 장면의 차이점을 찾는 미장센 활동을 할 때와 너무 달랐다. 학생들이 쓴 질문은 포스트잇에 옮겨 칠판에 붙였다.

라우라에게

· 부모님이 농인이면 대화에 불편함을 느끼니?
· 부모님이 농인이면 기분이 어떻니?
· 사람들이 부모님을 무시할 때는 어떤 생각이 들었어?
· 청인 세계와 농인의 세계 중심점에 있으면서 부모님에 대한 감정은?
· 부모님이 들을 수 있다면 무엇을 먼저 말해 줄거야?
· 부모님이 농인이란 걸 알게 되었을 때 어떤 생각이 들었어?
· 부모님이 농인이라고 놀림을 받은 적 있니? 만약 있다면 너는 어떻게 생각했니?
· 부모님이랑 살면서 뭐가 제일 불편해?
· 너는 어떻게 수어를 배웠니?
· 라우라야 넌 다시 태어난다면, 지금처럼 살고 싶어 아니면 부모님은 듣고 너는 못 듣는 삶을 선택하겠어?
· 부모님이 들을 수 있으면 좋겠다는 생각을 할 때는 언제니?
· 수어를 배우면서 어렵거나 포기하고 싶었던 적 있어?
· 부모님이 들을 수 있다면 무엇을 함께 하고 싶니?
· 부모님이 들을 수 있다면 꼭 해 주고 싶은 말은?
· 만약에 부모님이 딱 하루만 들을 수 있다면 무슨 말을 털어 놓고 싶어?
· 만약 부모님을 선택할 수 있다면 지금 부모님을 선택할 거야? 아니면 들을 수 있는 부모님을 선택할 거야?
· 네가 가장 말하기 힘든 수어가 뭐야?
· 부모님이 농인이어서 서러운 점은?

라우라 부모님께

· 딱 하루만 소리를 들을 수 있다면 어떤 날이었으면 좋겠어요?

· 하루 동안 소리를 들을 수 있다면 무엇을 할 건가요?

· 농인의 삶은 어떻습니까?

· 딸이 농세계와 청세계를 왔다갔다 하면서 힘들어하는데, 딸에 대한 감정은?

· 라우라가 태어났을 때 농인이었다면 어떨 것 같나요?

· 남들이 다른 세계(농세계)의 사람들이라고 이상한 눈으로 바라볼 때 어떻게 하나요?

· 자신이 다르다는 점에 좌절한 적 있나요?

· 소리를 들을 수 있다면 무엇을 먼저 할 거예요?

· 소리를 들을 수 없어 불편하고 화나고 답답했던 일은?

· 라우라가 농인이길 바랐나요, 청인이길 바랐나요? 그 이유는요?

· 하루 동안 들을 수 있다면 무엇을 할 것인가요? 무슨 소리를 듣고 싶나요?

· 라우라한테 제일 많이 느끼는 감정은 무엇인가요?

· 딸에게 못 해 줘서 미안한 것은? 무시당할 때 참는 법은?

· 라우라가 언제 가장 자랑스럽다고 느끼나요?

· 농인이어서 불편한 점은 무엇인가요?

· 농인이란 이유로 무시받은 적이 있나요?

· 가장 소리를 듣고 싶었을 때는 언제였나요?

· 라우라와 의사소통이 힘든 상황은 언제였나요?

· 라우라가 어떤 삶을 살길 바라나요?

· 라우라가 청인일 때 기뻤나요, 슬펐나요?

· 제일 듣고 싶은 말은 무엇인가요?

· 말하고 듣지 못해서 답답하지 않나요? 속상하지 않나요?

· 라우라의 목소리는 어떨 것 같나요?

· 굳이 들을 필요가 없겠다고 생각한 적이 있나요?

· 라우라가 청인인 게 기분이 좋아요?

영화 읽기와 가치 수업, 장애인식 개선

가이드북에 질문을 쓰는 학생 모습

학생들의 질문을 하나씩 읽었다. 나도 학생들도 먹먹해졌
다. 어떤 사람의 삶을 그저 내 관점에서 해석하고 마칠 때
와 그 사람에게 질문을 던지는 건 큰 차이였다. 물어본다는
건, 관심을 가진다는 뜻이다. 다른 이의 삶에 관심을 가지면
그 사람과 나는 자연스럽게 연결된다. 학생들이 쓴 질문 속
에 이미 라우라 가족에 관한, 나아가 농인의 삶에 관한 관심
과 이해와 공감이 서려 있었다. 학생들은 라우라 가족의 삶
에 깊이 들어갔다. 장애 때문에 생기는 불편함, 부모와 자녀
의 관계를 궁금해했고 라우라 가족의 처지에서 속상하거나
슬픈 일을 상상하기도 했다. '만일'이라는 가정법으로 한걸음
나아간 상황까지 상상했다. 영화를 감상하고 그치는 게 아니
라 등장인물과 소통했다는 느낌이 들었다.

"우리는 라우라와 라우라 부모님께 질문을 했습니다. 이 질문을 실제로 받으면 뭐라고 대답할까요? 이제 영화를 한 번 더 보겠습니다. 여러분이 한 질문의 절반은 영화 속에서 대답을 찾을 수 있습니다. 나머지 절반은 영화를 유심히 살피면 상상할 수 있을 것이고요."

수업 과정에서 같은 영화를 두 번 보는 건 특별한 경험이다. 스펙터클하거나 깨알 재미가 있는 영화라면 모를까, 6교시 수학 수업처럼 잔잔하게 흘러가기만 하는 다큐멘터리 영화를 두 번 본다는 게 내 마음에도 조금 부담스럽긴 했다. 하지만 두 번 보면 처음 볼 때 놓쳤던 장면을 발견할 수도, 흘려보낸 생각을 다시 꺼낼 수도 있다. 학생들에게 영화를 두 번 본다는 것의 동기를 주려고 가이드북 표지에 옮겨 둔 프랑스와 트뤼포 감독의 '영화를 사랑하는 방법'이란 문구를 같이 읽었다.

영화를 사랑하는 방법

첫째, 영화를 두 번 본다.
둘째, 영화를 보고 글을 쓴다.
셋째, 영화를 만든다.

- 프랑스와 트뤼포

영화 읽기와 가치 수업, 장애인식 개선

두 번째 볼 때는 확실히 달랐다. 5분이 지나도 소란스러워지지 않았다. 10분, 20분이 흘렀다. 미동도 없이 영화에 빠져드는 학생도 있고, 소리 없이 엎드리는 학생도 있었다. 30분, 40분, 50분, 끝. 엔딩 타이틀이 올라가자 학생들은 기지개를 켰다.

〈두 개의 세상〉을 두 번째 보는 학생들

〈두 개의 세상〉 주요 장면 스물네 컷을 출력해서 칠판에 붙여 두었다. 학생들에게 물방울 스티커를 다섯 개씩 주었다. 인상적인 장면에 스티커를 붙이라고 했다. 학생들은 생각 없이 막 붙이기도 했고, 붙이기 전에 장면을 유심히 살피기도 했다. 그렇게 영화를 다시 떠올렸다.

인상적인 장면에 스티커를 붙이는 학생들

"영화를 보기 전 라우라 가족에게 쓴 질문에 대답을 쓸 차례입니다. 영화에서 나온 부분은 그대로, 나오지 않은 부분은 상상해서 써 주세요."

학생들이 대답을 채웠다. 영화에 나온 부분은 잘 찾았지만, 상상해서 쓰는 부분은 잘 쓰지 못했다. 그건 여전히 우리가 농세계 관광객이었기 때문일 거라 생각했다. 대답까지 잘 썼다면 정말이지 영화같은 수업이 아니었을까. 아주 진지한 시간이었다.

장애인식 개선을 목표로 한 수업이라서, 영화에서 다루지 않은 다른 종류의 장애도 알려주고 싶었다. 통합반 선생님이 보내준 자료를 학생들과 하나씩 읽었다.

'시각장애인을 도울 때는 갑자기 옷을 잡아끌지 마세요. 안내견을 쓰다듬거나 음식물을 주지 마세요. 보행을 도울 때는 시각장애인이 팔을 잡을 수 있게 반보 앞에서 팔꿈치를 살짝 내밀어 주세요. 발달장애인과 함께 일을 할 때는 잘 해낼 수 있도록 격려해 주세요. 이야기를 할 때는 쉬운 말로 짧게 하세요. 상대방의 이야기에 끝까지 귀를 기울여 주세요.'

만약 그동안 11시간의 수업이 없이 이 내용만 읽었다면 금세 지워졌을 지도 모른다. 우리는 그런대로 깊이 농세계를 여행했기에 다른 종류의 장애에도 관심이 생겼고 받아들일 준비가 되어 있었다. 청각장애인과 지체장애인에 관한 에티켓까지 공부하였다.

"3일, 12시간의 여행이 끝났습니다. 그동안 MR. BIKY의 안내에 잘 따라 주셔서 고맙습니다. 가이드북 맨 마지막 페이지를 펴 주십시오. 영화를 세계를 여행한 소감, 영화를 통해 농세계를 여행한 소감을 써 주세요."

마지막이란 말은 참, 그렇다. 안 좋은 기억을 좋게 만들기도 하고, 지겨운 일을 아쉽게 만들기도 하고, 그리운 것은 더 그립게 만든다. 학생들은 차분히 여행 후기를 썼다.

"전에는 듣지 못하는 사람들이 어떻게 사는지 궁금했다. 수업을 받고 나서 장애인을 무조건 도와줘야하는 사람이라고 생각하는 건 아니라고 느꼈다."

"내가 지금까지 장애에 편견을 가지고 있다는 걸 알았다. 앞으로는 깊이 생각한 뒤에 행동으로 옮길 것이다."

"여러 가지 활동을 할 수 있어서 좋았고, 이번 계기로 영화를 더 많이 알게 되어 기쁘다."

"전에는 그냥 영화의 이야기만 봤는데 이제는 미장센, 몽타주, 셔레이드를 생각하면서 보니 같은 영화가 다르게 보인다."

"수어를 배우는 게 재미있었다. 전에는 장애인들을 별로 의식하지 않았는데 이젠 의식하게 된다. 하지만 영화 〈두 개의 세상〉은 너무 재미없다."

"농인도 사람이다. 무시당하지 않을 자격, 동정의 대상이 되지 않을 자격이 있다. 다음에는 내가 아는 수어로 농인을 돕고 싶다."

"장애인과 우리가 다르지 않다는 걸 알게 되었다. 수어를 배워보고 싶어졌다."

"전에는 장애인이 그냥 힘들겠다고 생각했는데, 수업을 하면서 힘든 점이 더 많다는 것을 알게 되었다. 장애인을 배려하는 것은 그 사람이 원하는 것을 들어주는 것이다."

"영화를 자세히 알게 되었고, 영화를 즐기는 법도 알게 되어서 영화를 더 재미있게 볼 수 있을 것 같다."

"원래는 영화를 볼 때 영화의 내용이나 등장인물이 어떤지만 봤는데, 이제는 감독이 숨겨놓은 속뜻도 생각하며 보고 싶다."

"장애인을 동정하지 않아야 하고 존중해 줘야 한다는 생각을 하고 있지만, 이번에는 그뿐만 아니라 더욱 세밀한 내용까지 알 수 있어서 좋았다."

"미스터 비키님 덕분에 미장센, 몽타주, 서레이드를 알게 되었습니다. 처음 두 개의 세상을 봤을 땐 친구와 이야기하기 바빴습니다. 하지만 공부를 하고 두 번째 봤을 때는 한번 꽂히니 빠져나올 수가 없었습니다. 아쉬운 건, 처음에 제대로 봤으면 두 번째엔 뭔가 색다른 느낌을 가질 수 있었을 텐데요."

"영화에 나온 장면을 그대로 따라 찍어본 게 기억에 남는다."

"전에는 장애인의 에티켓이고 뭐고 신경을 쓰지도 않았는데 두 개의 세상을 보고, 체험해 보니 장애인도 존중받을 존재이고 존중받을 권리가 있다는 걸 알게 되었다. 기념촬영으로 따라 찍기가 재미있었고, 지금 코로나 때문에 여행을 못 갔는데 다른 세계에서 살다 온 듯했다."

"셔레이드, 몽타주, 미장센을 알게 되어서 좋았고, 지금까지 한 번도 해 보지 못했던 영화 수업을 들으니 재미있었고 새로운 경험이라 좋았다."

"영화에 이렇게 많은 뜻이 있다는 것을 깨달았고, 컷과 컷, 사소한 것, 각도까지 다 감독의 의도라는 것을 알게 되었다. 장애인에 대해 알게 되어서 좋았고, 나도 동정하지 않고 그냥 이웃처럼 대해야겠다고 생각했다."

#8 후기

25년 전. 내가 대학에 다닐 때, 외국에 나가보고 싶었다. 신문이나 전단지에서 '후쿠오카·유후인 2박 3일 19만 9,000원부터, 태국·캄보디아 6일 버스 59만 9,000원부터, 미 서부 9일 125만 원부터'라는 투어 광고를 지겹게 봤다. 하지만 가지 못했다. 드물게 15박 16일 유럽이나 며칠이라도 동남아를 다녀와서 이야기를 풀어놓은 친구의 이야기를 들으면 정말 부러웠다. 군대 가기 전에 크게 마음을 먹고 '저 해외여행 다녀오고 싶습니다'라고 말을 꺼냈다가 '니가 거기 가서 뭐하게' 라는 잔소리만 들었다. 소고기 없으면 돼지고기, 돼지고기가 없으면 닭고기라고, 그 당시 해외여행의 아픔을 달래준 것이 부산국제영화제였다. 9월이 되면 부산국제영화제 개막작이 몇 분 만에 매진되었다는 뉴스가 퍼지면서 도시 전체가 술렁 거렸다. 10월 첫 주에 영화제가 시작되면 지하철을 타고 남 포동에 갔다. 그 당시 내가 영화를 고르는 기준은 오직 하 나. 예술성, 주제 의식, 유명 배우나 감독이 아니라 '가고 싶 은 나라'였다. 비록 영국에 가진 못해도 영국이 배경인 영화 를 보며 두어 시간 동안 영국을 여행한다고 생각했다. 그렇 게 세계 곳곳을 여행했다.

시간이 훌쩍 지나 코로나로 꼼짝 못하게 되었을 때, '여행' 이라는 콘셉트를 떠올린 건 우연이 아니었다. 여행이라는 콘 셉트는 코로나 때문에 여행을 가지 못하는 상황과 절묘하게 어울렸다. 활동지를 가이드북으로 만든 뒤 그곳의 언어를 배 우고 낯선 곳에 방문하여 현지인을 사귀는 것까지.

학생들이 쓴 후기를 읽으며 안도했다. 처음 적용한 수업이 었기에 중간에 아쉬움을 느낄 때도 있었다. 특히, 첫 시간에 학생들도 나처럼 닉네임을 만들어서 이름표를 달았더라면 수업을 할 때마다 더 빠져 들었겠다는 생각이 들었고, 내가 더 부지런하게 움직여서 인터뷰 때 만난 농인 강사를 교실로 직접 초대해서 학생들과 질의응답을 하는 시간을 가졌더라면 장애인식 개선으로 몇 걸음 더 나가지 않았을까 싶기도 했다.

이 수업을 했을 때 우리 반에도 통합반 학생이 있었다. 3일의 여행이 끝나고 반 학생들이 통합반 학생에게 어떻게 행동하는지 자세히 살폈다. 모든 학생이 그러지는 않았지만, 눈이 마주치면 손을 들어 인사를 하고, 교과서를 꺼내 주고, 학습지를 챙겨주고, 급식 먹으러 갈 때 확인해 주었다. 무엇보다 말을 걸어주는 학생들이 늘어났다.

고작 3일로 기적을 꿈꾸어서는 안 된다. 영화 언어도 그렇고, 장애인식 개선도 그렇고 구체적인 계획으로, 반복해서 꾸준히 이어갈 때라야 '교육'이라고 할 수 있겠다. 1년에 한 번, 컵라면처럼 먹고 버리는 수업이 되지 않기를. (2021.9.1.)

⟨두 개의 세상⟩과 ⟨나는보리⟩를 활용한 장애인식 개선 수업

⟨두 개의 세상⟩으로 장애인식 개선 수업을 만들고 1년쯤 지나 이 수업을 만들었습니다. ⟨나는보리⟩라는 좋은 영화가 있었기 때문입니다. 전반적인 수업 활동은 ⟨두 개의 세상⟩ 수업과 비슷합니다. ⟨두 개의 세상⟩에서는 한 작품을 두 번 보는 경험에 무게를 두었지만 이번 수업에서는 장애인과 비장애인이 같이 보는 '가치봄' 영화를 체험할 수 있게 하였습니다. 학생들은 화면해설 버전을 통해 청각장애인이 영화를 보는 방식으로 영화를 볼 수 있었고, 이는 장애인의 처지를 공감하는 데 도움이 되었습니다. 수업은 두 영화의 장점을 살려서 극영화 ⟨나는보리⟩를 통해 영화 언어를 익히고 다큐멘터리 영화 ⟨두 개의 세상⟩을 통해 인물의 삶을 깊이 들여다보는 활동으로 구성하였습니다.

한 가지 주제를 두 편의 영화로 수업하는 것은 같은 영화를 두 번 볼 때와는 다른 효과를 얻을 수 있었습니다. ⟨두 개의 세상⟩은 폴란드 다큐멘터리 영화였고, ⟨나는보리⟩는 우리나라 극영화였기 때문에 학생들은 두 가지 장르의 차이뿐만 아니라 장애인을 바라보는 두 나라 문화의 차이도 느낄 수 있었습니다.

수업 활동지는 부산국제어린이청소년영화제 홈페이지에서 내려받을 수 있습니다.

영화로 떠나는 여행

GUEST

이름:

성:

고객에게 감동을
CINEMA TOUR

Travel to Deaf World

GUIDE. BIKY

가치봄 영화

WITH
가치봄
한글자막과화면해설

장애인과 비장애인이 영화를 같이 볼 수 있도록 청각장애인을 위해
화면의 소리를 글자로 바꿔주고, 시각장애인을 위해 화면의 모습을
목소리로 설명해주는 영화

부산국제어린이청소년 영화제 BIKY

www.biky.or.kr

cinema tour

여행 일정표

	일 정
DAY1	현지어 배우기 〈미장센, 몽타주, 셔레이드〉
DAY2	영화의 세계로 여행 1 〈나는보리〉
DAY3	영화의 세계로 여행 2 〈두 개의 세상〉
DAY4	기념촬영, 여행 후기

영화 읽기와 가치 수업, 장애인식 개선

현지어 배우기

 미장센

화면을 꾸미는 방법으로 촬영에 해당한다. 인물과 사물의 배치, 의상, 밝기, 색깔, 구도, 카메라의 각도와 움직임을 계획하는 것이다.

사람, 사물, 건물의 위치, 모양, 색을
관찰하고 빛을 느껴보세요.

 몽타주

장면과 장면을 붙여 의미를 만드는 방법으로 편집에 해당한다. 비유와 상징, 모양 일치, 시간의 정지와 이동, 소리의 결합을 활용한다.

한 곳을 보다가 눈을 감습니다.
다른 곳으로 몸을 돌려 눈을 떠 보세요.

 **셔레이드**

영화에서 대사가 아니라 표정이나 동작으로 의미를 표현하는 방법이다. 동물의 움직임이나 사물로도 표현할 수 있다.

사람들의 표정, 행동을 통해
그 사람의 마음을 읽어보세요.

현지어 복습 - 미장센

[괜찮아]

♪웃음소리♪

두 장면의 공통점과 차이점을 모두 써 보세요.

영화 읽기와 가치 수업, 장애인식 개선

여행 후기 1

〈나는보리〉

한국, 드라마
2018년
1시간 54분
김진유 감독

인상적인 장면, 인물, 물건, 장소, 화면의 변화, 음악을 써 보세요.

현지어 복숭 - 셔레이드

영화 속에서는 여러 등장인물이 자장면을 먹는 장면이 자주 나옵니다. 여러 가지 음식 중에서 '자장면'이 선택된 까닭은 무엇일까요? 자장면의 어떤 속성이 영화 속 등장인물과 어울린다고 생각하는지 생각을 써 보세요.

현지어 복습 - 몽타주

아래 네 장면을 똑같이 촬영해서 영상으로 완성해 보세요.

1. 혼자 걸어가는 보리

2. 보리에게 다가오는 은정

3. 나란히 걸어가는 보리와 은정

4. 걸어가는 모습을 옆에서 촬영

여행 후기 2

〈두 개의 세상〉

폴란드, 다큐멘터리
2016년
50분
마치이 아다메크 감독

농인 부모와 청인 자녀의 삶을 담은 다큐멘터리 영화를 본 소감을 써 보세요. 〈나는보리〉에 견주어 〈두 개의 세상〉은 어떠했습니까?

영화 읽기와 가치 수업, 장애인식 개선

현지 체험활동

안녕하세요   고맙습니다   아름다워요   세상

출처:국립국어원 한국 수어사전

 귀마개를 하고 친구와 홈싸인을 만들어 봅시다.

홈싸인: 공식 수어가 아니라, 가까운 사람들끼리 쓰는 신호)

A: 오늘 기분이 안 좋아.

B: 무슨 일 있었어?

A: 아니야, 냉장고에 아이스크림 있어?

B: 아이스크림 많이 있어.

A: 같이 먹을까?

현지인과 친구되기

1. 라우라와 라우라 부모님께 궁금한 것을 써 봅시다.
2. 영화를 본 뒤에 여러분의 질문에 등장인물이 어떻게 대답을
   했는지 영화에 나온 대로, 또는 여러분의 상상을 더해 적어봅시다.

질문

대답

질문

대답

3. 라우라와 라우라 부모님은 다른 사람들이 자신에게 어떤
   행동을 할 때 불편해 할까요?

영화 읽기와 가치 수업, 장애인식 개선

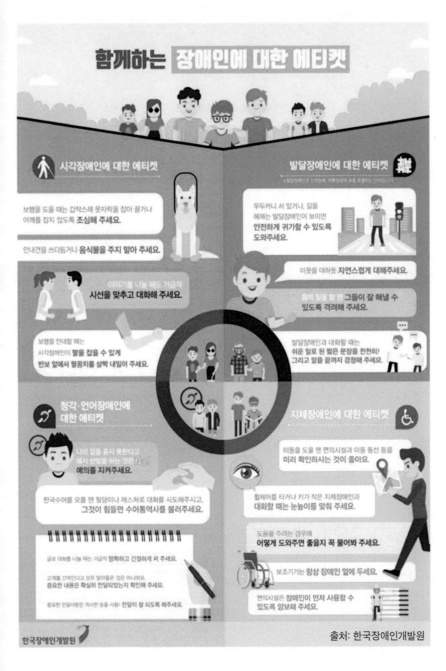

출처: 한국장애인개발원

여행 후기 3

영화를 통해 농인의 세계를 여행한 소감을 써 주세요.
(수업 전과 후 비교, 기억에 남는 점)

영화 읽기와 가치 수업, 장애인식 개선

#1 수업 전

'영화로 장애인식 개선 교육을 한다고? 편한 수업이 되겠다.' 처음 수업사례 적용을 부탁받았을 때 들었던 솔직한 생각이다. 흔히 해 왔던 방법이 떠올랐다. 영화를 본 뒤 몇 가지 핵심 질문에 자기 생각을 쓰고 함께 이야기하는 수업 말이다. 사각형 프리즘에서 기획한 프로젝트 설명을 꼼꼼하게 듣고 난 뒤 혼자 다시 책상에 앉았다. 빈 공책을 꺼내 들고 수업을 다시 계획하려는 순간 머릿속이 하얘졌다. 생각보다 쉽지 않겠다는 생각이 들었기 때문이다. 수업은 내가 생각했던 것처럼 단순하게 끝나지 않았다. '영화'라는 매체를 공부하고 이해해 나가며 장애에 관한 이야기가 자연스럽게 스며들게끔 구성되어 있었다. 여러 번에 걸쳐 수업을 장기적으로 이어 나가야 했고 프로젝트의 큰 줄기를 잘 잡고 가야 할 것 같았다. 막막했지만 부딪쳐 보는 수밖에 없었다. 수업의 기획단계로 돌아가 생각해 보기로 했다.

장애인식 개선 교육을 '굳이' 영화라는 매체로 하는 이유를 되짚어보니 어린 시절이 떠올랐다. 나는 단조로운 생활에서 벗어나고 싶을 때마다 영화나 책을 통해 많은 세계를 탐험하는 것을 좋아했다. 중학생 시절에는 〈어둠 속의 댄서

〉 영화를 보며 마치 내가 시각장애인 '셀마'가 된 듯한 착각에 한동안 생활의 초점이 부조리에 대한 저항에 맞춰져 있기도 했다. 또 영화의 숨은 장면, 숨은 의도와 촬영기법을 찾아보며 영화에 흠뻑 젖어 들었던 기억이 났다. 아이들도 내가 느꼈던 '몰입의 순간'을 느끼며 수업을 한다면 더할 나위 없이 좋을 것이다. 그리고 '여행'이라는 기획으로 영화와 장애의 세계로 떠나본다는 설정도 매우 흥미로웠다. 수업을 계획하면서 스스로 '재미있겠다'라는 생각이 들어 기분 좋게 시작할 수 있었다. 지도서를 뒤적이며 학교 교육과정과 연계시킬 만한 단원이 있는지 찾아보았다. 1학기 총 3단원의 도덕 수업이 끝난 후, '만들어가는 도덕 수업'이 눈에 들어왔다. 장애인식 개선 교육과 연결하면 알맞겠다는 생각이 들었다. 수업은 '도덕 수업을 왜 해야 하는가'로 시작해 보기로 했다.

#2 수업 문 열기

"도덕 교과서는 넣어도 좋습니다."라는 말이 떨어지자마자 아이들의 눈이 반짝였다. 입꼬리가 올라간 표정을 보니 수업을 하지 않을 거라고 예상하는 듯했다. 기대하는 아이들을 보니 순간 부담감이 몰려왔다. 잠시 아이들과 눈을 맞춘 뒤 앞으로 할 수업에 관해 간단히 이야기해 보았다.

"여러분은 도덕을 왜 배운다고 생각하나요?"

"착하게 살아야 하니까요."

"사람들이 같이 살아야 하니까 배운다고 생각해요."

"네, 맞아요. 도덕은 함께 살아가는 '따뜻함'을 배우는 공부라고 생각해요. 우리는 함께 살아가며 따뜻함을 주고받지만, 그러지 못하기도 합니다. 예를 들어 장애를 바라볼 때 이유 없이 부정적인 감정을 느끼거나 장애인의 생활을 오해하기도 하지요. 우리는 지금부터 장애의 세계로 여행을 떠나 내가 모르는 것, 잘못 알고 있는 것 등 내가 가진 생각을 들여다보려 합니다."

본격적인 수업을 시작하기 전, 아이들에게 종이 한 장을 나누어 주고 장애에 관한 생각을 낙서하듯 아무것이나 써보라는 미션을 주었다. 단, 어떤 답변이든 좋으니 솔직하게 써보라고 하였다. 답변 속에는 '별생각이 들지 않는다', '안타깝고 불쌍해서 도와주고 싶으나 솔직히 친구가 되라고 하면 힘들 것 같다'와 같은 부정적인 답변도 있었지만 대부분 긍정적인 답변이 많았다. 긍정적인 답변 속에 '같은 사람'임을 강조하는 내용이 눈에 많이 띄었다.

그러나 장애인식 개선 교육을 시작한 날 오후, 친구와 말싸움을 하던 아이가 장애인을 비하하는 말을 했다는 이야기를 들었다. 욕을 쓴 아이는 주위에서 들었던 기억이 있어 엉겁결에 나온 말이라고 했다. 사전 조사에 적었던 아이들의 긍정적인 답변이 떠오르며 왠지 모를 배신감이 들었다. '선생님이 원하는 답을 미리 알고 썼구나'라는 생각이 들자 마음이 무거워지며 앞으로 수업을 잘할 수 있을까 걱정이 앞섰다.

#3 DAY 1: 현지어 배우기-'미장센, 몽타주, 셔레이드'

가이드북 일정표

수업은 BIKY 명찰을 달며 본격적으로 시작되었다. BIKY는 부산국제어린이청소년영화제이다. 영화와 장애인식 개선

영화 읽기와 가치 수업, 장애인식 개선

교육을 자연스럽게 연결하기 위해서 먼저 영화의 세상을 여행하기로 했다.

"영화와 여행의 공통점은 무엇일까요? 바로 색다른 경험입니다. 이번 여행에서 영화를 보고, 읽고, 만드는 경험을 하기 바랍니다. 지금부터 선생님은 여러분을 '영화의 세계'로 안내할 가이드 '비키'입니다."

"선생님! 그럼 수업 중에는 비키'님'이 아니라 비키라고 부르면 되나요?"

"네. 맞아요."

"이야!"

아이들은 선생님을 반말로 부를 수 있다는 것과 수업을 하지 않는다는 생각에 신이 났다. 일단 아이들이 즐거워한다는 점이 기뻤다.

"여행을 가기 전 우리는 나라에 대해 무엇을 알아보나요?"

"맛있는 음식과 관광지를 알아봐요."

"간단한 인사말이나 역사적 사실을 공부해요."

"맞아요. 여행을 떠나서 그 나라의 간단한 언어를 알아둔다면 더 편안하고 즐겁습니다. 영화의 세계에도 언어가 있습니다. 바로 미몽셔! 미장센, 몽타주, 셔레이드입니다. 영화의

세계로 떠나기 전 영화의 세계에서 쓰는 언어를 먼저 배워보
도록 합시다."

먼저 여행 책자를 펼쳐 미장센에 관한 설명을 아이들과 읽
어 보았다. 미장센은 화면을 꾸미는 것이라고 쓰여 있다. 용
어가 낯설어서인지 아이들은 설명을 읽어도 무슨 말인지 모
르겠다고 했다. 〈나는보리〉 영화의 두 장면을 화면에 보여
주며 공통점과 차이점을 모두 써 보라고 하였다. 차이점을
쓸 때는 다른 그림 찾기를 하듯 보라고 하니 그림에 동그라
미를 치며 열심히 적어 나갔다.

〈나는보리〉 두 장면

아이들이 쓴 내용을 이야기했다. 공통점으로는 '인물이 입
은 옷이 편하게 보인다', '아저씨는 항상 웃고 있다', '남자아이

는 계속 뒷모습이다', '여자아이는 표정이 계속 좋지 않다', '가족이 모두 모여 있다'라고 이야기했다. 차이점으로는 '위쪽 사진은 집 안이고 아래쪽 사진은 집 밖이다'처럼 장소의 차이를 쓴 아이도 있었고 '낮과 밤이다. 빛의 밝기가 다르다'라며 시간의 차이와 그에 따른 색감을 읽어낸 아이도 있었다.

"여러분이 관찰한 사람, 사물의 위치, 모양, 색깔들은 감독이 미리 의도하기도 합니다. 이렇게 화면을 꾸미고 계획하는 것을 미장센이라고 해요. 등장인물이 입은 편안한 옷들을 연출한 까닭은 무엇일까?"
"소박한 모습을 보여주는 것 같아요."

다음으로 몽타주를 설명해 주었다. 몽타주는 장면과 장면을 붙여 의미를 만드는 것이다. 아이들에게 예시로 〈나는보리〉의 한 장면을 보여주었다. 교문 앞 잘생긴 선생님에서 투박한 생김새를 가진 담임 선생님으로 화면이 넘어가자 여기저기서 웃음소리가 들려왔다.

정우의 담임 선생님   보리의 담임 선생님

영화의 장면으로 예시를 드니 쉽게 이해할 수 있었다. 몽타주를 배운 뒤 우리 반 친구의 모습 다음에 어떤 것들이 비유되면 좋을까 생각해 보았다.

"잘 웃는 서진이는 밝은 햇살이 어울릴 것 같아요."
"전 키가 작지만, 기린이 뒤에 나오면 좋겠습니다!"

예준이는 키가 작지만, 작은 것을 자신만의 개성으로 생각해 당당하게 드러내는 아이다. 예준이의 별명은 '만리장성'인데 스스로 별명을 짓고 나서 아주 마음에 들어 했다. 예준이의 말에 모두 예상했다는 듯 웃음을 터뜨렸다.
마지막으로 셔레이드를 설명해 주었다. 대사가 아닌 표정이나 동작을 통해 마음을 읽어야 한다고 이야기하고 영화의 장면을 보여주었다. 보리와 농인인 엄마가 옷가게에서 부당한 대우를 받는 장면이었다. 옷가게 주인이 돈을 더 받는 상

                                영화 읽기와 가치 수업, 장애인식 개선

황이 나오자 몇몇 아이들이 '저건 아니지'라며 분노했다. 표정이나 동작보다는 상황만 보고 보리의 마음을 짐작하는 아이들이 많았다. 조금 더 세부적인 연출 의도를 살펴보기로 했다. 보리가 다시 옷가게를 들어가기 전 잠시 멈추는 행동 또한 감독의 의도가 담겨있다고 이야기하자 아이들은 생각하지 못했다는 듯 '와' 소리를 내며 고개를 끄덕였다.

추가 활동으로 감정 카드를 활용해 표정과 몸짓으로 감정을 맞추어 보았다. 활동은 모둠을 만들어 진행했다. 한 아이가 감정 카드를 무작위로 골라 이마에 대면 다른 친구가 표정이나 몸짓만으로 감정을 설명했다. 이마에 감정 카드를 대고 있는 아이는 친구의 설명을 보고 감정을 알아맞혔다. 아이들은 배우가 된 것마냥 '걱정스럽다, 편안하다, 안심되다'와 같은 감정 카드를 여러 가지 표정과 동작으로 표현했다. '편안하다'를 표현하는 아이가 주말 아침 소파에 누워 계신 아빠가 배를 긁는 모습을 흉내 내어 웃기도 했다.

감정 카드를 활용하여 표정과 몸짓으로 활동하는 학생들

영화 읽기와 가치 수업, 장애인식 개선

아이들은 영화의 언어와 새로운 관점을 매우 흥미로워했다. 미장센, 몽타주, 서레이드를 이해하며 새로운 배움에 기뻐하기도 하고 감정 맞추기 활동을 하면서 재미를 느끼기도 한 모양이다. 처음에는 어려운 용어에 별다른 관심이 없어 보이던 아이들도 시간이 지나면서 매우 활발히 참여하는 것을 볼 수 있었다. 영화가 새롭게 보인다는 아이들도 있어 미래의 감독이 탄생하는 것 아닐까 하는 상상의 나래를 잠시 펼쳐보기도 했다.

#4 DAY 2: 영화의 세계로 여행 <나는보리>

아이들과 <나는보리> 영화를 감상했다. 아이들은 가치봄 영화를 처음 본다고 했다. 영화를 보기 전 가치봄이라는 뜻을 간단히 설명해 주었다.

"가치봄이란 '같이, 보다'의 준말입니다. 가치봄 영화란 기존의 화면을 음성과 자막으로 해설해 주는 영화를 말합니다. 가치봄 영화 속에는 인물의 표정과 손짓까지 세세하게 설명해 주기 때문에 장애와 상관없이 영화를 즐길 수 있습니다."

영화가 시작되었다. 바다 풍경과 함께 끊임없이 음성해설이 나왔다. 집중이 되지 않는지 고개를 숙여 여행 책자에 낙서하는 아이들이 보였다. 영화가 잔잔하다 보니 음성으로 나오는 설명이 좀 더 두드러져 보였나 보다. 다행히 사건이 전개되고 '보리의 소원은 무엇일까?' 궁금증을 가지기도 하면서 낙서를 하거나 딴짓을 하던 아이는 사라졌다. 앞서 영화의 언어를 배우며 나왔던 예시 장면이 나오자 '봤던 장면이다!'라며 좀 더 집중하기도 했다. 영화가 끝나자 저마다 영화의 내용에 관해 이야기를 한마디씩 던졌다. 가치봄 영화를 보며 느꼈던 불편함은 완전히 가신 듯했다.

"가치봄 영화를 처음 봤는데 어땠나요?"
"좀 어지러웠어요."
"처음에는 불편했는데 나중에는 오히려 상황설명을 해 주니 영화의 내용이 잘 이해되어 좋았어요. 그리고 소설을 읽는 것처럼 감성적인 느낌도 들어요."

아이들은 대부분 가치봄 영화를 자연스럽게 받아들였다. 나 역시 처음 가치봄 영화를 봤을 때 음성해설이 신경 쓰이다가 몰입한 이후로는 해설이 있다는 생각조차 못하고 빠져들었던 경험이 있다. 초등학생이라 어렵게 느끼지 않을까 생각했던 것들도 막상 해 보고 나면 내가 느끼는 것을 아이들도 비슷하게 느낄 때가 많음을 다시 한번 생각하게 된다.

"영화를 본 소감을 말해 주세요. 기억에 남는 미장센, 몽타주, 서레이드가 있다면 그것을 이야기해도 좋습니다."

"보리가 빈 소원이 제 생각과 달라 놀랐어요. 가족들이 들을 수 있게 해 달라고 빌 줄 알았는데…."

"가족들이 행복해 보여서 부러웠어요. 농인들이 살아가는 모습을 보니 우리와 다르지 않은 것 같아요."

"큰 나무 밑에 앉아 있는 보리와 은정이의 자그마한 모습이 나무와 대비되는 것처럼 보였어요. 또 풀벌레 소리가 들리니 시골의 평화로움이 느껴졌어요."

앞서 영화의 언어를 배워서인지 영화에 나오는 장면 변화, 인물, 장소, 물건, 음악을 구체적으로 말하는 아이들이 많았다. 내 생각보다 훨씬 집중해서 영화를 본 것 같았다. 다만, '영화에서 짜장면을 먹는 장면이 왜 자주 나왔을까?'라고 물어봤을 땐 손을 드는 아이가 없었다.

"짜장면이 맛있기 때문 아닐까요."

동완이가 정적을 깨고 말했다. 아이들은 배를 잡고 웃는다. 마침 그날 급식이 짜장면이었던 터라 동완이의 말에 다들 "배고프다"를 연발하기 시작했다. '초등학생에게는 아직 어려운 질문이구나'라는 생각이 들었다. 소감을 충분히 나눈

후 〈나는보리〉의 한 장면을 촬영하고 영상을 완성하는 활동으로 넘어갔다.

"우리는 지금까지 영화의 언어를 배우며 영화의 세계를 함께 여행해 보았습니다. 보통 여러분은 여행하며 추억을 남기기 위해 무엇을 찍나요?"
"사진이나 영상을 찍습니다."
"네. 맞습니다. 우리도 영화의 세계를 여행한 기념으로 촬영을 해 보는 시간을 가져 봅시다."

영상을 찍는다고 하자 몇몇 아이들은 기대감에 가득 찬 표정으로 박수를 쳤다. 다행히 교과 과정 중 영상을 배우는 활동이 있어 편집을 잘할 수 있는 아이가 많았다. 총 8팀이 꾸려졌다. 한 팀은 감독, 보리, 은정으로 구성되었다. 배우는 감독이 무작위로 종이를 뽑게 했는데 인원이 4명이 될 경우 가치봄 영화의 해설사를 맡겼다.

〈나는보리〉 장면 따라잡기 안내

　아이들은 영화의 한 장면을 재연하는 것을 부담스러워하면서도 흥미로워했다. NG 장면을 넣어도 된다고 하니 여기저기서 '재미있겠다'는 소리가 들려왔다. 안내가 끝난 뒤 아이들은 분주히 움직이기 시작했다. 소품을 준비하고 대본을 연습하는 동안 모둠을 돌며 감독에게 카메라 각도와 장면 전환을 당부하며 몽타주를 다시 상기시켜주었다. 연습이 끝난 모둠은 흩어져 장면을 촬영했다.

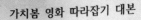

가치봄 영화 따라잡기 대본

● 나의 이름은? (   )
● 나의 영화 모둠에는 누가 있나요?

감독(촬영)	
보리	
은정	

● 소품: 책가방, 비닐봉지
● 총 4개의 컷으로 영상을 끊어 찍습니다. -

#1 혼자 걸어가는 보리 (책짹 ~ 지저귀는 새소리) (보리는 땅을 보며 표정이 어두운 채 걷고 있다.)	

#1 혼자 걸어가는 보리

(책짹 ~ 지저귀는 새소리)
(보리는 땅을 보며 표정이 어두운 채 걷고 있다.)

#2 보리에게 다가가는 은정

은정: (멀리서 뛰어오면서) 보리야 ~~
보리: (뒤돌아본다)

(친구 은정이 비닐봉지를 들고 뛰어 온다.)

은정: 야 가방은 뭐냐? 설마 학교 갔다 왔어?

#3 나란히 걸어가는 보리와 은정

보리: (쳐다보며) 응.
은정: (웃으며) 진짜?
보리: 웃지 마. 너는 뭐 하러 나왔어?
은정: (비닐봉지를 들어 보이며) 나 콩나물~

보리: (한숨을 크게 쉬며) 아~ 나는 맨날 왜 이럴까?
은정: (웃음 섞인 대사) 뭐야 이게 처음이 아니야?
보리: (끄덕끄덕)

은정: 내일 학교 같이 가자. 거기 있을 거지? 근데 맨날
무슨 소원 빌어?
보리: (표정을 찌푸리며) 몰라도 돼-

#4 걸어가는 모습을 옆에서 촬영

은정: 하 진짜 숙제하기 싫다. 귀찮아 죽겠네.
(계속 걸어간다)

가치봄 영화 따라잡기 대본 활동지

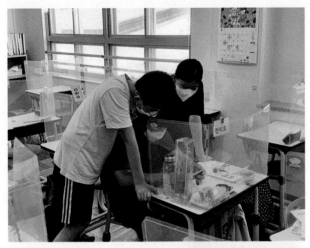

촬영 의논을 하고 참여하는 학생들

아이들은 카메라를 들자 제법 진지하게 참여하기 시작했
다. 여러 번 장면을 촬영하고 의논하며 수정해 나갔다. 장소
를 잘못 골라 소음이 들어갔다며 시간을 조금 더 달라는 모

둠도 있었다. 결국 밥을 먹은 뒤 점심시간까지 촬영이 이어졌다. 촬영하고 연기하는 아이들의 모습은 생기가 넘쳤다. 편집을 좀 더 의논하고 싶다는 아이들의 요청에 제출은 다음 날로 미뤄주었다.

다음 날, 영상을 함께 감상했다. 처음 보는 친구의 진지한 연기에 웃기도 하고 정교한 카메라 구도에 다들 감탄하기도 했다. 아이들은 실제 영상을 찍어보며 한 장면처럼 보이는 것도 여러 번의 촬영 구도로 이루어진다는 것을 확실히 알게 된 것 같았다. 모두 열심히 준비하였고 스스로 뿌듯함을 느낄 수 있었던 보람찬 활동이었다.

⑤ DAY 3: 농인의 세계 여행 <두 개의 세상>

"이제 농인의 세계로 여행을 떠나 현지 체험활동을 하겠습니다. 이번 여행에서는 두 번째로 볼 영화 <두 개의 세상> 속 현지인 친구를 만나보기도 하고 친구의 생활을 직접 체험해 보기도 할 예정입니다."

오늘 수업부터는 농인의 세계를 좀 더 본격적으로 다루게 된다. '농인'이라는 뜻을 이야기해 준 뒤 아이들에게 뉴스의 한 장면을 보여주었다. 중앙방역 대책본부에서 코로나 상황을 발표할 때 수어 통역사가 함께 옆에 서서 내용을 전달하는 모습이었다. TV 속에서 언제나 작은 화면으로 나오던 통역사가 발표자의 옆에 나란히 서서 함께 메시지를 전달하는 모습을 보고 그 의미를 함께 생각해 보았다.

"작은 화면으로만 보다가 함께 서서 수어를 하는 모습을 보니 새롭게 느껴져요."
"수어가 손으로 하는 말이라 TV 화면에서는 원래 잘 보이지 않았어요."
"국가에 일어난 중요한 일은 모두 공평하게 알아야 한다는 뜻 같기도 해요."

다음으로 수어를 하는 농인의 모습을 영상으로 보았다. 표정과 몸짓으로 의사전달을 하는 모습이 자막 없이 계속되자 아이들의 집중력이 점점 흐트러졌다. 영상을 끊고 아는 수어가 있는지 물어보았다.

"사랑한다는 수어가 기억나요."
"교회 초등부에서 노래로 배워 기억나는 수어가 여러 개 있어요."

서인이는 교회 합창부에서 '당신은 사랑받기 위해 태어난 사람' 노래를 수어로 배운 적이 있다고 했다. 노래 도입부를 잠깐 부르자 서인이가 아이들 앞에서 잠깐 하는 시늉을 했다. 서인이가 뿌듯한 표정을 지으며 자리에 앉았다. 아이들은 대부분 수어를 접해 본 경험이 있었다. 교회나 유치원, 다양한 기관의 행사에서 수어를 배워 하나 정도는 아는 아이가 많았다.

"이어서 여러분의 청력을 간단히 테스트해 보겠습니다."

농인에 관한 이야기 중 뜬금없이 청인을 대상으로 청력 테스트라니. 아이들이 고개를 갸우뚱거렸다. 청력 테스트를 하는 이유는 나중에 이야기해 보기로 했다. 먼저 주파수 대역을 높여 소리를 들려주었다. 낮은 주파수를 들려주니 저마다 "난 들린다!"라고 자랑하듯 외치는 바람에 다음 검사 소리가 들리지 않았다. 검사를 잠시 중단하고 소리가 들리는 사람은 조용히 손을 들어 확인하기로 규칙을 정했다. 대부분은 마지막에 나온 높은 주파수까지 소리가 들리는 듯했다.

청력 테스트 활동 중인 학생들

주황색 귀마개를 꺼냈다. 비닐봉지에 든 주황색의 정체불명 물건이 과자가 아닐까 생각했는지 아이들의 눈에 호기심이 가득해졌다. 귀마개를 나누어주자 조금 실망한 듯했지만, 귀에 껴보고 소리가 차단되자 평소와 다른 감각이 신기한 듯 '야호'하고 소리를 내보기도 했다. 귀마개를 끼고 다시 청력 테스트를 진행했다. 자신만만하던 아이들은 마지막 소리가 들리지 않자 당연히 들리지 않는 것 아니냐며 볼멘소리를 내었다.

"여러분, 우리는 농인의 세계를 아주 잠깐 체험해 보았습니다. 농인의 세계를 실제로 체험하는 것은 어렵습니다. 우리는 평소에 들리지 않는 것을 상상조차 하지 못할 때가 많지요."

농인의 세계를 잠깐 체험해봤다는 말에 아이들의 표정이 풀어지며 볼멘소리가 들어갔다. 장애인식 개선 교육을 하고 있다는 것을 잠깐 잊고 활동에 빠져들었던 모양이다.

"이제 농인의 세계에 좀 더 본격적으로 들어가 봅시다. 우리가 두 번째로 볼 영화 〈두 개의 세상〉 속 대화문입니다. 가까운 농인들끼리는 수어 대신 홈사인을 쓰기도 합니다. 지금부터 귀마개를 하고 친구와 홈사인을 만들어 봅시다."

아이들에게 간단하게 설명한 뒤 홈사인 만들기 활동을 했다. 귀마개를 하고 짝지와 열심히 몸짓하며 의논하는 모습을 보니 대견했다. 혹시 잘 진행되지 않는 아이들이 있을까 봐 돌아보았지만 대부분 금세 활동을 마치고 자세를 고쳐 앉았다. 앞에 나와 친구와 만든 홈사인을 발표했다. 아이들이 정한 홈사인은 우리가 보통 말을 하며 쓰는 몸짓으로 이루어져 있었다. '무슨 일 있었어?'라는 대화는 대부분 어깨를 으쓱하며 손을 올리는 동작이었다. 귀마개를 하고 홈사인을 만들다 보니 짝지와 소통이 쉽지 않았던 모양인지 다들 비슷한 동작이 많았다. 활동이 끝나고 소감을 나눌 때 '농인이 느끼는 답답함을 느꼈다, 소통이 쉽지 않아 쉬운 동작들로 만들 수밖에 없었다, 구체적으로 말하기 쉽지 않았다'는 이야기가 나왔다.

홈사인 만들기 활동을 하는 학생들

"농인의 세계를 체험해 보았으니 이제, 농인의 세계 여행에
서 현지인과 친구가 되어 보도록 합시다. 우리가 만날 현지
인은 영화 〈두 개의 세상〉에 나오는 청인 주인공과 농인 부
모님입니다. 〈두 개의 세상〉은 우리가 〈나는보리〉에 이어

두 번째로 볼 영화입니다. 그들에게 궁금한 것이 있나요?"

"농인이 살아갈 때 어떤 답답함이 있는지 궁금해요."

"농인 부모님은 청인 딸을 어떻게 생각할까 궁금해요."

"혼자 들을 수 있으면 〈나는보리〉의 보리처럼 불편한 점은 없는지 궁금해요."

〈나는보리〉를 보고 나서인지 보리와 처지가 같으리라 생각하는 아이가 많았다. 질문에 관한 대답은 영화를 본 뒤 스스로 써보기로 했다.

교실의 불을 껐다. 영화 〈두 개의 세상〉은 농인의 세계를 담백하게 풀어낸 폴란드 다큐멘터리라 집중을 잘할 수 있을까 걱정이 되었다. 아니나 다를까, 50분 정도 되는 짧은 영화였지만 집중을 잘하지 못하는 아이가 꽤 많았다. 영화가 아이들에게 조금 무겁고 힘들게 느껴졌나 보다. 유럽 문화가 익숙하지 않은 아이들에게는 인물의 정서가 잘 공감 가지 않았던 모양이다. 마지막 장면이 끝난 뒤 "이게 끝이라고?"를 외치기도 했다.

"영화를 보고 난 뒤 소감을 이야기해 주세요."

"조금 지루했어요. 마지막 장면이 허무했어요."

"농인들은 힘든 점이 많다는 것이 느껴져요."

"〈나는보리〉의 보리가 청소년이 되면 겪을 사춘기의 모습

영화 읽기와 가치 수업, 장애인식 개선

같아 마음이 좋지 않아요."

"저도 부모님과 소통이 안 되는데 라우라도 똑같은 것 같아요."

고운이의 말에 다들 "저도요~!"를 외친다. 사춘기가 온 아이들은 라우라가 느끼는 불편함이 자신과 비슷하게 느껴졌나 보다. 조금 무겁지만, 청인 가족과 다르지 않다는 것을 느끼기에 좋았던 영화라는 생각이 들었다. 또 농인이 있는 가족의 실제 모습을 현실적으로 보여줘서 좀 더 장애의 세계를 진지하게 생각해 볼 수 있었다는 아이도 있었다. 그래서인지 아이들이 영화를 보기 전 적었던 질문의 답은 아름답게 꾸미지 않은 사실 그대로였다.

"라우라의 부모님은 라우라가 커가면서 소통할 때 힘든 일이 많아 걱정된다고 대답할 것 같습니다."

"라우라는 불편함과 부담감을 느끼고 있다고 대답할 것 같습니다. 가족 간의 갈등은 청인 가족과 다르지 않은 것 같습니다."

다음으로 〈두 개의 세상〉 영화 안에서도 영화의 언어 미장센, 몽타주, 서레이드를 찾아보았다. 한 번 해 봐서인지 아이들은 곧잘 찾아냈다.

중앙선 위를 걷는 라우라

"중앙선 위를 걷는 라우라의 모습에서 무엇이 느껴지나요?"

"경계를 걷고 있는 모습에서 라우라가 장애인과 비장애인의 세계를 연결한다는 느낌이 듭니다."

"중심을 잘 잡고 걷고 있는 모습을 보니 라우라의 미래가 희망차 보이기도 합니다."

마지막 활동으로 장애인에 관한 에티켓을 함께 읽어 보았다. 긴 시간 동안 여러 가지 활동을 한 뒤 에티켓을 읽으니 평소 같으면 그냥 지나쳤을 문구들이 많이 눈에 들어온다고 했다. 아이들과 책자에 있는 내용을 간단하게 퀴즈로 물어보고 대답하며 장애인을 대할 때 우리가 지켜야 할 것들을 정리했다.

모든 활동이 마무리되었다. 활동을 마무리하며 영화와 농인의 세계를 여행한 소감을 쓰고 함께 나누는 시간을 가졌다.

"솔직히 '농인'이라는 말조차 몰랐어요. 영화를 보며 수업하니 흥미로웠고 장애에 관해 다시 한번 생각해 보게 되었어요. 기회가 된다면 이런 공부를 한 번 더 하고 싶어요!"

"수업 전에는 영화를 어떻게 연출하는지 잘 알지 못했었는데 수업 후 미장센, 몽타주, 셔레이드를 알게 되었고 이 세 가지 요소가 영화의 분위기, 감독이 하고 싶었던 말을 나타내기 위해 사용된다는 것을 알게 되었어요. 또 '장애인은 우리와 같은 사람이다'라는 것은 생각했지만 장애인의 삶이 실제로 어떤지, 어떤 힘든 상황을 겪을지 전혀 몰랐어요. 영화를 보니 우리와 사는 방식이 다른 부분도 있지만, 가족과 행복하게 지내면서도 때론 갈등을 겪는 모습이 같다는 것을 알게 되었어요."

"그냥 장애를 생각하면 이유 없는 거부감이 들었는데 수업을 하고 우리 모두 같다는 생각을 '진짜로' 하게 된 것 같아요."

"영화 두 편을 본 것뿐인데 장애에 관해 훨씬 더 잘 알게 된 것 같아요. 두 영화 모두 유쾌한 내용만 있는 것은 아니었지만 나름의 희망을 영화로 잘 녹여내어 재미있게 본 것 같아요. 기회가 된다면 다른 장애에 관한 영화도 접하고 싶다는 생각이 들었어요. 그리고 즐거운 도덕 수업이라 행복했어요."

"단순히 잘 안 들릴 뿐 똑같은 사람이고, 더는 돌아보지 않아도 될 것 같아요. 처음엔 여러 가지 생각이 들었지만 우리는 서로 따뜻함을 주고받으며 살아가야 한다는 생각이 들었어요."

평소 수업에 그리 큰 흥미를 보이지 않던 아이도, 매번 엉뚱한 내용을 발표하던 아이도, 산만하게 다른 친구에게 말을 걸어 꾸중을 듣던 아이도 모두 저마다 눈을 빛내며 감상을 진지하게 이야기했다. 아이들의 이야기를 들으며 영화를 활용한 교육의 효과를 느낄 수 있었다. 다른 사람의 삶을 들여다보며 공감해가는 과정은 장애인식 개선 교육에 있어 중요한 부분이라는 확신이 들었다.

#7 수업을 마치며

올해 4월에도 학교에서는 여느 때와 같이 장애인식 개선 교육이 있었다. 사실 올해 〈대한민국 1교시〉 영상을 보면서 잘 공감이 되지 않았다. 장애인을 만나 갑자기 태도가 바뀌는 주인공의 모습은 요즘 아이들의 모습과 매우 다르다는 생각이 들었기 때문이다. 아이들은 수많은 장애인식 개선 교

영화 읽기와 가치 수업, 장애인식 개선

육을 통해 이미 '틀린 게 아니라 다른 것이다'라는 것과 그렇게 행동하는 것이 멋지지 않다는 것을 알고 있다. 다만, 이제 아이들은 겉으로 차별을 표현하지 않기 때문에 실제 공감을 불러일으키고 내 생활에 적용할 수 있는 사례를 가져오는 것이 중요하다는 생각이 들었다. 또한 우리가 다르다는 사실이 아무런 문제가 아님을 모두가 당연하다는 듯이 받아들이는 '문화'가 필요하다.

사각형프리즘에서 제작한 영화 프로그램을 적용해 보면서 프로젝트형 교육의 중요성과 장애인식 개선 교육은 결국 '공감과 대화'라는 것을 다시 한번 느낄 수 있었다. 그리고 영화라는 매체는 '공감과 대화'를 이끌어내기 적당한 매체라는 생각이 들었다.

교실이라는 작은 사회 속에서 아이들은 기쁨과 감동을 받기도 하고 때로는 분노, 질투 등 부정적인 감정을 느끼기도 한다. 이 작은 사회가 서로를 이해하고 배려하며 긍정적인 기운을 가지고 변화될 때 우리는 '따뜻함'을 주고받는 사회의 모습을 기대할 수 있을 것이다.

영화 읽기의 이해

영화라는 예술의 특징

영화의 도시 부산은 자연이 아름답다. 별이 뜨는 바다의 아름다움은 더욱 화려하다. 별이 뜨는 바다 도시 부산에는 영화의 별도 빛난다. 영화를 빛나게 하는 별들은 영화 제작자, 관람하는 수용자뿐만 아니라, 영화를 교육하는 교육자 등 무수히 많다. 영화의 도시답게 학교에서는 다양한 방법으로 영화 교육을 하고 있다.

학교의 영화 교육은 주로 영화에 대한 교육, 영화를 활용한 교육으로 진행된다. 영화에 대한 교육은 영화의 고유한 특성의 이해, 영화 언어, 즉 영화 문법에 대한 이해 등 영화에 관한 객관적이고 이론적인 이해를 목표로 하여 영화 읽기와 영화 제작하기 수업 등을 한다. 영화를 활용한 교육은 학생들의 삶을 토대로 영화를 매개적으로 활용하면서 영화 읽기와 영화 제작하기 등의 수업을 한다. 학교의 영화 교육은 대체적으로 영화에 대한 교육뿐만 아니라 영화를 활용한 교육을 통합적으로 운영한다.

학교 현장에서 이루어지는 영화 교육은 관련 교과뿐만 아니라 창의적 재량활동 등을 통해 이루어진다. 영화 수업 방

영화 읽기와 가치 수업, 장애인식 개선

법은 관련 교과의 단원 및 교과통합의 형태로 진행된다. 관련 교과에서 하는 수업이든, 교과통합 형식의 수업이든지, 영화수업을 할 때 영화 감상은 필수적이다.

영화 감상은 대체로 수업을 진행하기 전 활동으로 이루어진다. 영화 감상은 학생들이 영화를 관람하는 활동이다. 영화 감상은 영화상영 시간, 교실 및 학교 상황을 고려하여서 교과 수업시간 내 및 가정 학습 형태로 진행될 수 있다.

영화 감상은 단순히 영화를 관람하는 이상을 의미하기 때문에 영화 감상 교육이 필요하다. 영화 감상 교육은 영화를 감상하는 방법에 관한 교육을 의미한다. 영화 감상 교육의 목표는 영화를 예술로써 향유할 뿐만 아니라, 영화 읽기와 영화 제작하기를 할 수 있는 기본적인 능력을 통해 창의적이고 가치 있는 삶을 살 수 있는 태도를 함양하는 것을 목표로 한다. 무엇보다도 영화 감상 교육은 학생들이 영화를 예술로 향유할 수 있는 능력을 길러주어야 한다.

그러면 영화를 예술로써 감상하는 방법은 무엇인가? 그것은 학생들이 영화의 예술적 특징을 인식하고, 이를 통해 영화 읽기와 영화 제작하기를 할 수 있으며, 궁극적으로는 좋은 삶(good life)을 지향할 수 있는 태도를 길러주는 것과 관련된다.

영화는 어떤 특성을 보이는 예술인가? 영화(映畫, 영어: film)의 개념적 정의는 연속적으로 촬영을 통해 기록한 영상물을 의미한다. 영화는 카메라로 촬영하는 동영상과 다른 특성이 있다. 영화는 흔히 활동사진(活動寫眞, motion picture)이라고도 하는데 이는 연속적인 움직임이 담겨있기 때문이다. 영화는 영상이미지 뿐만 아니라 서사구조, 음악 등이 총체적으로 통합된 예술이라는 측면에서 동영상과 다르다. 예술작품으로써 영화는 문학, 연극, 음악 등과 다른 특성을 보이고 있다. 예술작품으로써 영화는 영화를 영화답게 하는 측면이기도 하다. 예술 작품으로서 영화가 어떤 특징을 지니고 있는지를 문학, 연극 등과 비교하면서 살펴보고자 한다.

첫째, 영화는 빛의 예술이다. 영화는 사람, 사물, 자연 등의 현상을 재현할 수 있는 카메라를 만들 수 있는 기술이 발전하면서 가능했던 예술이다. 카메라는 사람, 사물, 자연 등을 빛을 통해 포착하고, 움직임을 재현할 수 있다. 영화는 빛을 통한 시각적 이미지의 연속이다. 영화의 시각적 이미지는 청각적이고, 촉각적이기도 하다. 영화의 시각적 이미지는 어떤 감각적 자극보다 강렬하며, 시각과 청각을 통합한 이미지를 구성한다. 시각과 청각이 통합적으로 구성된 이미지로써 영화 감각을 벤자민(Benjamin)은 시각적 촉각이라고 한다

시각적 촉각은 '눈으로 느낄 수 있는 촉각적 경험'을 의미한다. 손으로 만져서 느껴지는 고유의 촉각처럼 몸의 감각을 직접적으로 느끼는 것이 아니라, 시각을 통해 평면적으로 보이는 것이 간접적인 형태의 촉감 느낌을 갖게 한다. 직접 손

으로 만지지 않고서도 시각적으로 느낄 수 있는 촉각이 영화의 특징이다.

옷가게 장면

시각적 촉각의 예를 구체적으로 살펴보면 〈나는보리〉 영화의 한 장면이다. 보리가 엄마와 옷을 사러 갔는데, 가게 점원 두 명이 보리도 듣지 못하는 줄 알고 함부로 말하는 것을 듣는다. 관객은 이 장면을 통해 어디선가 끓어오르는 듯한 분노를 느낀다. 보리는 속으로 참고 있다가 거스름돈을 더 받은 것 같으니 돌려주고 오라는 엄마의 부탁에 까칠한 말과 함께 점원에게 돌려주고 나온다. 순간 가게 점원 둘은 당황해한다. 이 장면을 보는 순간 관람객들은 온몸으로 보리가 느끼는 불편함을 같이 느낄 수 있다. 영화가 시각적 촉각을 자극하기 때문이다. 따라서 영화를 감상할 때는 영화의 이미지, 즉 시각적 촉각, 빛, 심도 등의 표현 정도가 영화의 주제와 내용을 어떻게 재현하고 있는지를 감상하는 것이 필요하다.

둘째, 영화는 시·공간을 창조하여 삶을 재현하는 예술이다. 영화가 시·공간을 창조한다는 특징은 인간의 삶을 재현하는 예술임을 나타낸다. 인간의 삶은 시간·공간에 영향을 받는다. 즉 인간은 시·공간적 존재이다. 학생들도 과거, 현재, 미래의 연속적인 시간 속에서 산다. 시간은 기억과 밀접한 관련이 된다. 기억 속의 시간은 연속적이기도 하지만, 불연속인 측면도 있다. 인간은 시간적 존재이면서 공간적 존재이다. 집이라는 공간, 학교 및 교실 공간, 운동장 공간 등에 영향을 받고 산다. 이렇게 인간의 삶의 양식인 시공간은 영화에서 창조된다. 물론 현실 속 시·공간은 인간에서 분리된 것처럼 느껴지지만 영화 속 시·공간은 분리할 수 없는 연속적인 것으로 느껴진다. 영화를 생생하게 살아 숨 쉬는 것으로 느끼는 것도 창조된 시·공간이 자연스럽기 때문이다.

영화 속 시·공간은 카메라의 움직임과 편집을 통해 창조되며, 현실에서는 불가능한 세계도 창조할 수 있다. 영화 속 창조된 시·공간은 영화의 예술성을 나타내는 척도가 되기도 한다. 영화 속 시·공간은 프레임(frame)을 통해 창조된다. 프레임 속 시·공간은 이미지의 배열을 통해 물리적인 현실의 시·공간을 자유롭게 변화시킨다. 프레임 속 시·공간은 영화 내는 물론 영화 밖도 표현할 수 있다.

〈나는보리〉 스페셜 포스터의 장면을 보면 네 명의 가족이 수평선을 배경으로 환한 얼굴로 포즈를 취하고 있다. 사

진을 찍은 배경이 되는 시·공간은 주인공 가족의 행복감을
나타낼 수 있도록 색감, 빛, 심도 등을 효과적으로 표현하고
있다. 이처럼 영화 속 시·공간은 영화의 주제와 내용을 전달
하고 관객의 몰입을 자극하고 공감할 수 있는 장치가 된다.

〈나는보리〉 스페셜 포스터

영화가 표현하는 시간을 구체적으로 살펴보면 영화의 시
간은 객관적 시간과 주관적이고 심리적인 시간으로 분류할
수 있다. 영화의 객관적 시간은 영화 관람 시간을 의미한다.
주관적이고 심리적인 시간은 영화 속에서 사건이 발생하고
사건이 해결되는 일련의 시간과 관객이 느끼는 주관적인 시

간 등을 의미한다. 〈나는보리〉 영화 역시 가족 간의 잔잔한 일상에서 한 번쯤은 느껴본 것과 같은 외로움을 다루고 있다.

그리고 영화에서 시간을 표현하는 방법으로 계절의 변화를 보여주고 있다. 보리가 짧은 시간동안 고민한 것이 아니라는 것을 아름다운 영상으로 표현했다. 영화는 자유롭게 시간을 배열하고 구성할 수 있다.

영화가 시·공간을 창조하는 것과 마찬가지로 문학, 연극도 창조한다. 그런데 영화는 한 장면을 통해서 한 시간, 몇 분을 표현할 수도 있고, 수천시간을 표현할 수도 있다. 작품 내용이 전개되는 시간의 변화가 순간적으로 이루어지기도 하고, 수만 시간대를 이동시킬 수 있기 때문에 문학작품보다 다양한 방법으로 표현할 수 있다. 따라서 영화를 감상할 때, 영화 속 시·공간이 어떻게 창조되고 구성되었는지를 관람하는 것도 영화를 흥미 있게 감상할 수 있는 방법이다.

이외에 영화 속 시·공간은 사건과 등장인물의 행위가 일어나는 상징적 시·공간, 자연, 풍경 등과 같이 등장인물에게 의식되지 않는 시·공간, 회상이나 상상을 통해 등장하는 인물들이 느끼는 시·공간, 객관적이고 물리적인 외부세계에서 상상의 세계로 변환하는 계기가 되는 만화경적인 시·공간, 주인공 인물의 성격이나 행동에 영향을 공리적 시·공간 등으로 표현될 수 있다.

그리고 영화 속 시간은 요약(summy), 생략(elipsis), 장면(scene), 연장(stretch), 쉼(pause)의 형태로 표현된다. <나는보리>에서는 보리 엄마와 아빠가 만난 이야기, 엄마가 소리를 잃게 된 과정을 한 장면으로 요약해서 보여준다. 반면 보리가 가족 속에서 외로움을 느끼고 소리를 잃으면 좋겠다고 생각하는 내적 갈등의 시간은 길게 표현되고 있다. 이처럼 영화의 시·공간의 형태가 어떻게 표현되었는지를 집중해서 관람하는 것도 영화 감상 교육의 한 방법이다.

셋째, 영화는 서사로 구성되어 있다. 영화가 서사로 구성되어 있기 때문에 영화를 관람한 이후 우리가 자주 하는 질문은 '영화가 재미있었니?'라는 것이다. ' 영화가 재미있었니?'라는 질문은 영화의 서사구조가 중요한 역할을 한다는 것을 의미한다. 학교에서 영화수업을 할 때, 교사들도 이런 질문을 학생들에게 할 수 있다.

영화의 서사구조는 영화 장르에 따라 달라질 수 있지만 대체로 인물, 사건, 배경을 요소로 하고, 형태는 이야기와 담론으로 구성된다. 이야기(story)와 담론(discourse)은 의미의 차이가 있다. 이야기는 대화, 독백, 이미지 등을 의미하고, 담론은 이야기를 표현하는 방식, 즉 다양한 움직임, 팬터마임(pantomime), 영화음악, 사운드 등으로 표현된 방식을 의미한다. 문학작품도 서사구조의 특징을 갖지만 글, 즉 문자로 표현된다. 이에 비해 영화의 서사는 카메라로 촬영하고 편집

된 이미지로 표현된다. 즉 문학작품은 문자언어로 표현되는 것이고, 영화는 카메라를 통한 이미지로 표현된다.

영화의 서사구조는 영화 언어로 표현된다. 영화 언어는 카메라의 촬영기법과 영화의 내용적 요소인 소재나 주제 등을 포함한다. 영화 언어는 외적인 요소와 내적인 요소로 구성된다. 영화의 내적인 요소는 영화 서사를 구성하고 있는 인물과 사건, 그리고 시퀀스(sequence)와 시간과 공간이 결합된 장소를 촬영하는 것, 편집의 과정을 통해 작품이 완성되는 과정 등을 의미한다. 영화 외적인 요소는 영화가 생산되고 영화시장에 유통되고 소비되는 외적인 과정을 의미한다.

<표1> 영화의 요소

서사	인물	카메라	문법
	사건과 시퀀스	촬영	
	장소	편집	
영화 생산·유통과 소비			

영화 언어를 통한 영화의 서사구조는 발단→전개→정리의 단계로 진행된다. 발단 단계에서는 영화의 주인공이나 주변 인물 등 등장인물들이 소개되고, 영화의 주제나 내용이 전개될 장소와 환경, 영화가 다루고 있는 시간 등을 개략적이고도 전체적으로 보여준다.

영화 읽기와 가치 수업, 장애인식 개선

대개 영화감독은 영화의 첫 장면을 의미 있게 촬영한다. 영화의 첫 장면이 등장인물의 성격과 앞으로 발생할 사건의 단서, 시간과 공간, 혹은 영화의 전반적인 분위기를 관객에게 안내하기 때문이다. 영화의 첫 장면은 관객의 호기심을 자극해서 영화에 대한 몰입을 높이는 극적 요소가 된다. 〈나는보리〉는 하늘을 배경으로 보리가 양팔을 들고 걸어가는 장면으로 시작한다. 영화 주제가 균형을 찾아가는 내용임을 암시한다. 발단 단계에서는 대체로 주요 사건의 원인이 나타난다.

영화의 전개 단계에서는 영화 주제나 주인공이 당면하는 문제, 갈등, 위기, 절정의 과정 등이 묘사된다. 영화에 대한 관객의 호응 정도는 전개 단계에서 갈등을 어떻게 제시하는가에 달려있다. 영화에서 다루는 갈등은 일상의 삶에서 흔히 발생하는 갈등, 상상의 세계에서 경험할 수 있는 갈등, 일상과 상상의 세계에서 경험할 수 있는 갈등 등이 혼재할 수 있다. 갈등이 유발되는 원인도 다양하다. 주인공 인물의 내면적 갈등도 가능하고 주인공과 주변 인물 사이에 발생하는 갈등, 주인공 인물과 사회 혹은 관습, 제도, 부조리와의 갈등, 주인공과 자연과의 갈등 등과 같은 외면적 갈등도 가능하다. 영화 속 갈등을 부각시키기 위해 사실적이면서도 환상적인 미장센 기법과 몽타주 기법 등을 혼용해서 활용할 수 있다. 영화 음악, 주변 소리, 효과음 등도 다양하게 활용된다.

〈두 개의 세상〉 영화에서의 갈등은 〈나는보리〉와 마찬

가지로 가족 내에서 오랜 시간 동안 발생한 갈등이다. 갈등이 심화되면 위기가 오고, 아주 짧은 순간 위기를 반복적으로 겪으면서 갈등은 해결된다. 영화 서사에서 갈등은 갈등, 위기, 휴식을 반복하면서 자연스럽게 절정으로 이어진다. 영화의 절정(climax)은 외형적 사건의 절정이 아니라, 주인공이 내면적으로 겪는 최고조의 위기이다. 그리고 대부분의 영화에서 주인공이 겪는 절정의 위기는 돌발적이고 우연적이기보다는 논리적이고 인과적인 형태로 주어진다. 그래야만 관객이 영화 이야기에 공감할 수 있기 때문이다. 영화의 결말은 긍정적 결말(happy ending), 부정적 결말(unhappy ending), 애매모호한 결말(ambiguous ending), 긍정도 부정도 아닌 결론이어서 영화가 지속되는 느낌의 오픈 결말(open ending) 등도 가능하다.

영화의 서사구조에서 플롯(plot)은 중요한 역할을 한다. 영화 서사를 이끄는 힘은 플롯이다. 영화 서사에서 플롯은 사건의 배열이자 결합으로 개개의 사건들이 원인과 결과의 관계를 맺고 있는 것을 의미한다. 플롯은 영화에서 펼쳐지는 시각적 촉각의 모든 것이며, 플롯을 통해 관객들은 영화의 주제와 내용, 스토리 등을 추측하고 예측한다. 영화 속 플롯은 시퀀스(sequence)[1]와 시퀀스로 연결된다.

---

1) 이야기의 단락에 따라 구분되는 영화의 단위. 신(scene)보다 큰 개념으로 사용되며 대체로 몇 개의 신이 모여 하나의 시퀀스를 이루는 것이 보통이다. 매경시사용어사전 https://100.daum.net/encyclopedia 발췌

영화의 서사구조를 감상할 때는 플롯이 일관성이 있는지를 살펴보는 것도 좋다. 플롯이 일관성이 있어야 진실되고 공감할 수 있는 핍진성(verisimilitude)이 있다. 그리고 영화의 플롯은 외연적 진실, 즉 삶에의 근접성(approximation of life)과 인간 본질에 대한 내면적 진실을 담고 있어야 한다. 비록 영화의 서사가 현실적으로는 불가능해 보인다고 하더라도 신빙성 있고 최소한 그럴듯해 보이는 내적 진실(internal true)이 있어야 한다. 이외에 예술적 진실이 이어야 한다. 관객은 예술적 진실을 통해 현실 세계에서 상상의 세계인 영화의 세계로 몰입할 수 있기 때문이다.

학생들과 함께 영화의 서사구조를 관람할 때는 영화의 서사구조가 어떻게 배열·배치되어 있는지를 감상하는 것도 재미있는 활동이 된다. 물론 영화가 재미가 있는가, 재미가 없는가 하는 것은 어디까지나 주관적인 관객의 반응이라서 관객에 따라 달라질 수는 있다. 어떤 영화는 특정 관객에서 재미가 있을 수도 있다. 때로는 모든 사람에게 재미있을 수도 있다. 학생들이 영화의 서사구조의 흥미를 갖고, 감상하면 영화의 주제와 의도를 파악하기가 용이하다.

영화 서사구조와 관련해서 영화를 감상할 때, 초등학생이나 저학년 학생들은 주인공들이 삶을 모방한다는 측면을 충분히 고려해야 한다. 영화 감상 수업 전 교사는 학생들이 이를 숙지할 수 있는 사전 교육도 필요하다. 사실 초등학생 저학년의 경우 영화 세계를 현실세계로 인식한다. 특히 이들은 도덕적 탐구자로서 행위의 옳고 그름 선과 악 그리고 좋음과 나쁨을 이분법적으로 이해하고, 선함과 좋음의 세계를 추구한다. 따라서 이들이 선함의 세계가 갖고 있는 긍정적인 힘을 영화를 통해 경험하며. 이를 통해 경험세계의 지평을 넓힐 수 있도록 하는 영화 수업이 필요하다.[2] 감각적 충동성, 소비 욕구, 비논리성을 자극하는 서사구조를 가진 영화는 비판적인 관점에서 교육을 할 수 있다.

넷째, 영화적 표현방식은 상징(symbol)과 직유(simile)를 활용한다. 영화에서는 영화 주제와 내용을 표현하기 위해 상징과 직유를 활용한다. 상징은 그것이 아닌 어떤 것을 대신하여서 영화를 관람하는 관람객들이 마음을 자극함으로써 다른 무엇을 연상하게 하는 것을 의미한다. 상징은 영화의 주제 및 내용을 전달하거나, 등장인물의 성격, 갈등 등을 전달하기 위해 효과적으로 사용된다. 영화의 상징은 관람하는 관객들이 보편적으로 인식할 수 있는 상징도 있지만, 작품의 내적 맥락에 따라 표현되기도 한다. 영화 속 상징은 영화 제

---

2) 영화진흥위원회의 구체적인 예술영화 인증심사의 기준은 다음과 같다. 작품의 영화 미학적 가치가 뛰어난 국내외 작가 영화, 소재·주제·표현방법 등에 있어 기존 영화와는 다른 새로운 특색을 보이는 창의적·실험적인 작품, 국내에서 거의 상영된 바 없는 개인·집단·사회·국가의 삶을 보여주는 작품으로서 문화 간 지속적 교류, 생각의 자유로운 유통, 문화 다양성의 확대에 기여하는 작품, 예술적 관점·사회문화적 관점에서 문화유산으로서의 보존 가치가 있는 작품 등이다. 영화진흥위원회 https://www.kofic.or.kr/kofic/business/guid/introGuideArt.do 발췌

작 및 작가 등에 의해 창조된다.

영화에서 등장하는 상징은 대체로 특정한 대상이나 물건 등을 자주 반복시킴으로써 제시되기도 하고, 극 중 인물이 중요하게 생각하는 가치나 상징물, 대사, 음악 등을 통해서도 제시된다. 어떤 대상물이나 특정 부분에 그려진 맥락에 따라 묘사되기도 한다. 영화 속 맥락에서 제시되는 상징은 동일화면 내의 다른 시각적 대상물과 관계, 한 화면과 다른 화면을 병치시키는 편집 기법에 의해 표현되기도 한다. 상징은 영화 서사구조에서 중요한 위치를 나타내는 방식으로 제시된다. 상징은 일정한 패턴으로 나타나기도 한다. 이외에 영화에 등장하는 상징은 등장하는 인물, 즉 캐릭터를 통해서도 나타난다. 영화에서 등장하는 인물은 대체로 도식적 인물형이 있고, 개성적 인물이 있고, 상징적 인물이 도식적 인물은 틀에 박힌 인물 등이 있다. 초등학생들의 경우 일상적으로 만날 수 있는 평범한 인물이지만 개성이 뛰어난 인물, 요란하고 시끄러운 개구쟁이 인물, 이 세상에는 없는 신기한 인물 등을 좋아한다. 이외에도 학생들은 창조적이고 자신의 인생을 꿋꿋하게 찾아가는 모험을 즐기는 상징이 많은 영화를 선호하기도 한다.

상징에 비해 직유는 직접적으로 영화의 내용 및 주제를 이해할 수 있도록 하는 방식이고, 비교하는 방식으로도 표현된다. 직유는 대체로 장면 전환의 기법을 통해 보여진다(이용

관 역, 1991: 56~63).³⁾

이외에 영화는 음향 및 사운드가 중요한 역할을 한다. 영화는 전체적으로 일정을 리듬이 있으며, 이를 담당하는 역할이 사운드이다. 영화 사운드 요소는 대사, 효과음, 영화 음악으로 분류할 수 있다. 영화 대사는 대화 및 독백, 내레이션 등으로 구분된다. 효과음은 대사와 음악을 제외한 소리로써 극적인 분위기, 영화에 관한 정보제공, 영화 서사구조 내에서 의미를 생산하고, 장면을 전환하며, 영화의 현실감을 증대시키는 역할을 한다. 효과음에는 상황을 설명하는 상황적 소리와 서술적이고 영화 내용을 설명하는 해설적 소리 등이 있다. 영화음악은 장면의 배경이 되기도 하고, 관객들의 정서적 경험을 강화하며, 상상력과 영화 리듬을 강조하기도 한다. 영화 음악은 관객들의 영화 몰입과 심리적 일체감을 강조한다. 영화음악의 기능은 영화의 오프닝 기능, 영화의 시·공간을 상징하며, 사건을 예고하기도 한다. 이외에 인물들의 감정의 변화, 내면의 특징, 대조효과, 성격을 묘사하기도 한다. 그리고 주제를 전달하고, 극적인 요소를 강화하고, 새로운 의미를 창조하고, 대사나 동작의 미진함을 감추거나 보충하는 역할 등을 한다. 요즈음 영화에서 영화음악

---

3) 조셉 보그스(Joseph M Boggs). 1991. 이용관 역. 『영화보기와 영화 읽기』. 제3문학사. pp.56~63.

영화 읽기와 가치 수업, 장애인식 개선

의 비중은 높아지고 있다. 영화음악은 주제나 내용을 전달하는 결정적인 역할을 한다. 이렇게 볼 때, 영화 사운드는 시각적 촉각뿐만 아니라 시각적 영상에 관객들이 몰입할 수 있도록 정서적 경험을 강화하고, 상상력과 리듬을 자극한다. 영화의 주제와 내용을 전달하는 역할을 하는 것이다(이용관 역, 1991: 177~178). 이상 영화의 특성을 개략적으로 고찰해 보았다.

영화 감상 수업의 방향

학교에서 영화 감상 수업을 할 때 그 방향은 어떠해야 할까?

첫째, 영화의 예술적 특징을 인식할 수 있는 수업을 해야 한다는 것이다. 위에서 고찰한 것처럼 영화는 문학, 연극과 다른 예술의 장르이다. 영화의 예술적 특성을 알아야 영화를 관람하는 재미도 증가할 수 있다.

둘째, 학생들이 영화를 감상한 이후 학생들의 경험을 성찰할 수 있는 활동 수업을 해야 한다. 학생들이 영화 경험을 의미를 구성할 수 있는 활동은 궁극적으로 학생들 각자 자신의 삶, 특히 좋은 삶과 연결될 수 있는 것이다.

학생이 영화 경험을 의미 있게 구성하려면 무엇보다도 경험을 재구성하고 재구조화할 수 있어야 한다. 재구성 능력은 자신의 경험을 과거, 현재, 미래의 시간적 흐름에서 구성할 수 있는 능력이다. 재구조화 능력은 자신의 경험을 새롭게 통찰하여 인식의 변화와 성장을 이끌 수 있도록 하는 것이다. 학생들의 영화 경험은 개인의 주관적인 경험이 될 가능성이 있다. 학생들이 영화 경험을 재구성하고 재조직하려면 영화를 감상하고 관찰하며, 자신의 목소리를 찾고 표현하는 활동을 지속해서 하는 것이 중요하다. 영화 감상 수업의 목표와 방향을 설정할 때, 영화에 몰입하고 재미와 미적인 예술적 가치를 느끼는 것 이외에 학생들의 경험 세계의 지속적인 성장에 관심을 두어야 한다.

셋째, 영화 감상 수업은 영화 읽기와 영화 제작하기와 연결되어서 학생들이 영화의 의미와 가치를 몸으로 체험할 수 있도록 한다.

넷째, 무엇보다도 교사와 학생들은 영화를 즐겁게 관람하는 마음과 학습 환경을 조성하는 것도 필요하다.

우리는 이 점을 유의하면서 〈두 개의 세상〉과 〈나는보리〉두 편의 영화를 활용한 수업 활용 방법을 개발하였다.

영화 감상 수업 설계의 과정과 절차

우리는 다음의 방향으로 두 편의 영화 감상 수업을 위한 가이드북을 개발하였다.

첫째, 영화를 감상하고 영화의 예술적 의미를 인식할 수 있는 활동 중심으로 수업을 진행하였다. 학생들이 영화의 예술적 특성을 이해하고, 영화 제작하기 활동이 갖는 학습 흥미를 자극하기 위해서 영화 언어를 학습한 이후 촬영을 연습하도록 하였다. 학생들이 스마트폰으로 직접 촬영해 봄으로써 영화 언어를 경험하도록 하였다.

둘째, 학생들에게 시각적 감각과 시·공간의 창조를 경험할 수 있는 활동으로 수업을 진행하였다. 사실 우리는 매일 매일 순간순간 영화를 촬영하는 것처럼 산다. 감각으로 매일 매일 무엇인가를 보면서 살기 때문이다. 매일 매일 보는 것이 의미가 되려면 시·공간에 잠시 머물거나, 의미와 가치를 부여하는 활동이 필요하다. 사실 학생들은 등굣길에 꽃, 나무, 집 등의 보지만 무심하다. 꽃이 말을 걸고, 떨어진 낙엽이 주는 의미를 발견하려면, 잠시나마 마음의 여유를 갖고, 나에게 걸어오는 말과 의미를 관찰하는 시간이 필요하다. 영화는 우리가 일상적으로 만나는 사물, 사건, 사람을 의미 있게 만들고 창조하는 예술이다. 영화를 예술로 만나고, 나에게 주는 의미를 발견할 수 있는 영화 수업을 위해 활동이 의미가 되고, 체득되는 방향으로 교재를 개발하였다.

셋째, 영화를 '여행'이라는 관점으로 영화 주제와 학습 주제를 통합적으로 재구성하여 활용하였다. '여행'이라는 주제로 교재개발을 한 의도는 영화를 통해 자신, 사람, 사물, 사건을 새롭게 감각하면서 긍정적인 삶의 의미를 추구하기 위함이었다. 다음의 〈표 2〉는 영화 감상 수업 설계의 과정과 절차를 정리한 것이다.

〈표2〉 영화 감상 수업의 과정과 절차

영화의 선정	· 전 교과서 내용을 분석하고 교과서 내용에 적합한 영화를 선정한다. · 영화를 선정할 경우 학생들에게 따뜻한 정서를 길러주는 내용을 선택하는 것도 중요하다. 특히 폭력이나 선정적인 TV 매체에 노출이 심한 것이 현실에서 학생들에게 감동을 주는 영화 한 편은 인생을 바뀌게 할 수도 있다.
영화와 관련된 자료 수집	· 영화 감상을 위한 예비적인 자료를 수집하여 학생들에게 제공한다. 영화 읽기를 위해서는 영화를 다양한 측면에서 이해하는 자료가 필요하다. · 영화 이해를 위해 교사가 미리 자료를 준비하여 학생들에게 제공해 주면 좋다. · 영화 읽기를 위한 질문지 혹은 학습지를 미리 준비해 두는 것도 잊지 말아야 한다.

영화의 관람 및 감상 수업	· 영화를 감상한다. 영화를 감상할 때 감상 그 자체가 목적인 측면도 있지만, 학생들에게 영화가 예술 매체임을 인식할 수 있는 안목을 길러주는 것이 목적이다. · 영화 감상 수업을 할 때는 수업 목표를 정확하게 설정하는 것이 필요하다. 교사는 영화 감상의 목적이 영화에서 나타나는 사건의 발생과 해결에 초점을 둘 것인지, 혹은 인물의 성격 그리고 인물을 둘러싼 상황, 혹은 도덕적 갈등 상황과 선택, 미적인 감상에 둘 것인지 등 감상의 목적을 분명히 하는 것이 좋다. · 학생들의 경우 특수한 분장이나 편집 음향에 관심을 두는 것도 재미있는 활동이 될 수 있다. · 저학년의 경우는 더욱 영화 감상 전에 구체적인 질문을 던져주는 것도 영화 읽기를 위한 효과적인 방법이다. 저학년의 경우 영화에 대한 감상이나 느낌을 말이나 글로 표현하기가 쉽지 않기 때문이다. · 학생들에게 질문을 던질 때는 학생들의 지적 수준을 고려한다. · 영화는 교육을 목적으로 제작되지만 대체로 자본에 의해 만들어진 이야기이다. 그러므로 영화 읽기를 위해서는 영화가 만들어져서 소비되고 유통되는 과정을 이해하는 것이 필요하다. 학생들이 영화의 만들어지는 과정을 이해하는 것은 이야기가 만들어지는 현실을 이해하는 데 도움이 된다.
영화 읽기 (영화 읽기와 영화 제작하기)	· 영화 읽기는 영화에 대한 읽기 교육과 영화를 통한 읽기 교육을 통합적으로 진행한다. · 영화 읽기는 영화 자체를 감상하는 기쁨을 훼손할 정도로 해서는 안 된다. 예컨대 학생들의 수준에 맞지 않게 지나치게 지적이고 논리적인 읽기 교육을 강요할 경우 영화 감상을 싫어할 수도 있다. · 영화 읽기는 대체로 글쓰기, 이미지 등의 방법을 활용하나. 몸으로 표현할 수도 있고 그림으로 표현할 수도 있다. · 영화 제작하기는 작품의 완성도도 중요하지만, 학생들이 제작한다는 과정을 중시해야 한다. · 영화 제작하기는 스토리보드를 활용한다. · 영화 제작하기는 학생들의 제작 도구를 정도에 따라 교실 및 학생 및 수업 상황에 맞게 활용한다.

경험 공유하기	· 영화 교육의 전 과정은 학생들의 참여와 공유가 충분히 이루어지도록 한다. · 영화 감상 이후, 영화 읽기, 영화 제작하기 활동 등의 경험을 참여한 학생들과 공유하는 과정이 필수적이다. · 경험 공유하기에서 이야기 과정은 교사가 주도할 수도 있고, 학생들이 주도할 수 있으며, 그 과정과 결정은 수업의 흐름을 따라서 선택하면 된다. · 경험 공유과정에서 이야기와 대화는 가능한 활발하고 활기차게 진행할 수 있도록 한다. · 공유하기 과정에서 교사와 학생, 학생과 학생 사이에는 긍정적인 피드백을 할 수 있도록 안내한다.

부록

부산국제어린이청소년영화제 소개

비키(BIKY)는 Busan Int'l Kids & Youth Film Festival을 줄여서 쓰는 말입니다.

영화 읽기와 가치 수업, 장애인식 개선

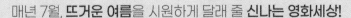

매년 7월, **뜨거운 여름**을 시원하게 달래 줄 **신나는 영화세상!**

부산국제어린이청소년영화제

경쟁부문 International Competition

레디~액션! 12 : 만 6세~12세 이하 어린이 작품
레디~액션! 15 : 만 13세~15세 이하 청소년 작품
레디~액션! 18 : 만 16세~18세 이하 청소년 작품

'레디~액션!'에 응모하려면?
매년 2월 비키 홈페이지 www.biky.or.kr 공고 및 접수
문의 : 프로그램실 (051) 995-7608

비경쟁부문 International Non-competition

나를 찾아서 Finding Myself
내 안의 수많은 나 혹은 진정한 나를 찾아
여행을 떠나는 영화 모음

너와 더불어 Staying Together
공동체 안에서 일어나는
갈등과 화합을 다룬 영화 모음

다름 안에서 Embrace the Difference
차별이 아닌 차이, 다름을 껴안는
관용을 꿈꾸는 영화 모음

경계를 넘어서 Beyond the Boundary
신나는 모험과 설레는
미래의 상상이 가득한 영화 모음

아시아 파노라마 Asian Panorama
올해 BIKY가 눈여겨보고 함께하고픈
아시아 영화 모음

비키 특별전 Special Program
하나의 특별한 주제로 묶인 장단편 초청작 모음

리본더비키 Reborn the BIKY
어린이청소년이 만든 단편영화 초청 부문

야외극장 달빛별빛 Open Cinema-Moonlight Starlight
여름 밤, 온 가족을 위한 야외극장 무료영화 모음

완두콩 극장 Green Pea Cinema
비키 배급영화 + 해외 어린이청소년영화제 간
교류 작품 상영

체험 프로그램 Experience Program

비키포럼, 특별 프로그램, 나도 성우다, 시네마 스포츠
신청 및 프로그램 문의 : (051) 743-7652

유네스코 영화 창의도시 부산과 함께하는 포스터그림공모전

포스터그림을 공모하고, 제17회 BIKY 포스터의 주인공이 되자!

포스터그림을 공모하려면?
2021년 12월 비키 홈페이지 공고 및 2022년 1월 접수 www.biky.or.kr
문의 : (051) 743-7652

부산국제어린이청소년영화제 배급 영화

▎다음 영화는 네이버 시리즈온에서 무료로 관람할 수 있습니다.
2018년부터 부산광역시교육청을 시작으로 전라북도교육청, 울산광역시교육청, 경상남도교육청 등 각 시도교육청의 제공으로 교육용으로 이용할 수 있습니다.

┃완두콩 배의 롤라

감독: 토마스 하이네만
독일/93분/전체관람가

아버지를 잃은 소녀, 친구를 잃은 소년, 나라를 잃은 부모, 차별에 맞서 유쾌하게 저항하는 사람들의 이야기를 담은 영화

부산광역시교육청 제공

┃두 개의 세상

감독: 마치이 아다메크
폴란드/51분/전체관람가

농인 부모에게서 태어난 청인 자녀. 농세계와 청세계를 오가는 소녀의 솔직한 모습을 볼 수 있는 영화

부산광역시교육청 제공

부산광역시교육청 제공

❙ 경극소년 리턴즈
감독: 레이몬드 탄
싱가포르/87분/전체관람가

중국, 말레이, 인도, 외국인 학생이 자폐증을 가진 친구와 중국 전통 연극을 만든다. 여러 가지 차이와 이를 극복하는 과정을 볼 수 있는 영화

부산광역시교육청 제공

❙ 말괄량이 빈티와 오카피 클럽
감독: 프레드리케 미곰
벨기에/89분/전체관람가

유튜버가 되고 싶은 소녀와 멸종 위기 동물을 보호하려는 소년의 만남. 어떤 사람에겐 당연한 것이 다른 사람에겐 절실한 것임을 느낄 수 있는 영화

부산광역시교육청 제공

❙ 프릿지 이야기
감독: 마티아스 브룬, 랄프 쿠쿨라
룩셈부르크/86분/전체관람가

우리에게 38선이 있다면, 독일에는 베를린 장벽이 있었다. 1990년 독일의 통일을 배경으로, 자유를 찾아가는 사람들의 이야기를 담은 영화

전라북도교육청 제공

| 수네 VS 수네

감독: 욘 홈버그
스웨덴/89분/전체관람가

이름이 같은 소년과 소녀가 같은 반에서 만났다. 친구 사이에 생기는 여러 가지 갈등과 해결을 보여주는 영화

울산광역시교육청 제공

| 고릴라 별

감독: 린다 함박
노르웨이/77분/전체관람가

보육원에서 양부모를 기다리는 소녀가 있다. 하지만 고릴라가 자기 엄마가 된다면? 사람을 사귈 때 외모보다 중요한 것이 무엇인지 보여주는 영화

경상남도교육청 제공

| 숲의 요정 시히야

감독: 마르야 피퀴
핀란드/89분/전체관람가

정말로 자연을 위협하는 것은 무엇일까? 고약한 냄새를 풍기는 비료회사에 맞서 자연을 지켜내는 날개 달린 요정 시히야와 소년의 이야기를 담은 영화

영화 읽기와 가치 수업, 장애인식 개선

영화 창의도시 부산

United Nations
Educational, Scientific and
Cultural Organization

Busan - City of Film
Designated Unesco Creative City
in 2014

1996년에 첫발을 내디딘 부산국제영화제는 아시아 최고의 영화제로 자리매김했습니다. 세계적 수준의 인프라와 전문적인 인적 자원과 함께, 현재 부산은 영화 산업의 모범 사례Standard Setter로 인정받고 있습니다. 부산국제영화제의 성공적인 성장을 기념하기 위하여 설립된 부산 영화의전당은 영화 도시로서 부산을 상징하고 있습니다. 1999년 설립된 부산영상위원회는 기획, 제작, 배급 등 영화 제작 과정을 아우르는 완벽한 영화 제작 네트워크를 제공하고 있습니다.

2014년 유네스코 영화 창의도시로 지정된 이래, 부산은 타 가입 도시와 영화제 교환 프로그램, 영화 인력 양성을 위한 국제적 협력 프로그램, 시민과 학생들을 위한 영화 교육, 타 분야 가입 도시들과의 협업 등의 협력 사업을 진행해 오고 있으며, 이는 부산이 지닌 아시아 영화 네트워크 프로그램을 국제적 수준으로 성장하게 해 주었습니다. 나아가 부산은 유네스코 영화 창의도시 네트워크 관계자를 포함한 모든 이들이 문화적 지능을 함양할 수 있도록, 부산이 지닌 창의적 활동에 접근할 기회를 제공하고자 노력하고 있습니다.

유네스코 창의도시 네트워크(UCCN)

유네스코 창의도시 네트워크는 '창의성을 지속 가능한 도시 발전의 전략 요소로 하는 회원 도시 간 국제연대 및 협력 강화'로 도시 간 협력 촉진을 목적으로 두고 있으며, 2004년 '문화성을 위한 국제 연대 사업'의 일환으로 시작되었습니다. 유네스코 창의도시 네트워크는 각 도시의 문화적 자산과 창의력에 기초한 문화 산업을 육성하고 도시 간의 협력과 발전을 도모함으로써 회원 도시들의 경제적·사회적·문화적 발전을 장려하고, 나아가 유네스코가 추구하는 문화 다양성을 제고시키는 데 목적을 두고 있습니다.

유네스코 창의도시 네트워크는 공예와 민속예술, 문학, 영화, 음악, 디자인, 미디어 예술, 음식 총 7개의 분야를 가지고 있습니다. 2020년 기준 84개국 246개 도시가 네트워크에 참여하고 있으며, 국내에서는 10개 도시—서울(디자인), 광주(미디어 예술), 인천(공예), 부산(영화), 천주(음식), 통영(음악), 부천

(문학), 대구(음악), 원주(문학), 진주(공예와 민속예술)—가 네트
워크에 참여하고 있습니다.

◼️📹 유네스코 영화 창의도시

2009년 영국 브래드포드를 시작으로 2010년에는 호주 시
드니가, 2014년에는 대한민국 부산과 함께 아일랜드 골웨이,
불가리아 소피아가 영화 창의도시로 지정되었습니다. 2015
년에 영화 창의도시로 지정된 도시는 브라질 산토스, 이탈리
아 로마, 그리고 마케도니아의 비톨라가 있으며, 2017년에 중
국 칭다오, 영국 브리스톨, 일본 야마가타, 폴란드 우츠, 스페
인 테라사가 영화 창의도시로 지정되었습니다. 2019년에는 5
개의 도시—독일 포츠담, 스페인 바야돌리드, 보스니아 헤르
체고비나 사라예보, 뉴질랜드 웰링턴, 인도 뭄바이—가 신규
영화 창의도시로 지정되면서 총 16개국, 18개 도시가 유네스
코 영화 창의도시로 활동하고 있습니다.